课程育人新坐标丛书　　高峰　杨四耕　丛书主编

具身课程
语文学科课程新样态

李建伟 等◎著

华东师范大学出版社
·上海·

图书在版编目(CIP)数据

具身课程:语文学科课程新样态/李建伟等著. —
上海:华东师范大学出版社,2023
(课程育人新坐标丛书)
ISBN 978-7-5760-3842-2

Ⅰ.①具… Ⅱ.①李… Ⅲ.①小学语文课—课程建设
—研究 Ⅳ.①G623.202

中国国家版本馆 CIP 数据核字(2023)第 098557 号

课程育人新坐标丛书

具身课程:语文学科课程新样态

丛书主编	高 峰 杨四耕
著 者	李建伟 等
责任编辑	刘 佳
项目编辑	林青荻
特约审读	郑 月
责任校对	王 彤 时东明
装帧设计	卢晓红

出版发行	华东师范大学出版社
社 址	上海市中山北路3663号 邮编 200062
网 址	www.ecnupress.com.cn
电 话	021-60821666 行政传真 021-62572105
客服电话	021-62865537 门市(邮购)电话 021-62869887
地 址	上海市中山北路3663号华东师范大学校内先锋路口
网 店	http://hdsdcbs.tmall.com

印刷者	常熟高专印刷有限公司
开 本	787毫米×1092毫米 1/16
印 张	12.75
字 数	117千字
版 次	2023年7月第1版
印 次	2023年7月第1次
书 号	ISBN 978-7-5760-3842-2
定 价	44.00元

出版人 王 焰

(如发现本版图书有印订质量问题,请寄回本社客服中心调换或电话021-62865537联系)

丛书编委会

主　编　高　峰　杨四耕

副主编　刘喜红

成　员

高　峰　杨四耕　张　哲　刘喜红　徐建梅
姚耐孔　康朝霞　王志宏　刘　青　郭　涛
巴　川　张进亭　李建伟　王华月　关延杭

本书参著人员（以姓氏笔画为序）

王　娜　王华月　王应红　白　莹　朱永锋
朱建婷　刘亚楠　刘丽杰　关晓瑞　李建伟
汪　菁　沙　欧　宋敏敏　张　华　张　雯
张进亭　张煌培　黄　瑞　黄五一　彭　博
魏净霞

丛书总序

课程是生成性过程,课程变革需要激活包括教师和学生在内的课程实践过程,回归课程的生成性品格。课程的生成性品格客观上要求我们关注课程管理的生成性过程,彰显课程管理的过程性、境遇性、关系性和创造性。课程育人是不断生成的过程,它聚于目标、起于问题、成于制度、归于文化。

美国管理学大师彼得·德鲁克在《管理的实践》一书中指出:我们并不是有了工作才有目标,而是相反,有了目标才能确定每个人的工作。[1]他提醒我们:组织一定要当心"活动陷阱",不能只顾拉车不抬头看路,最终忘了自己的目标。泰勒指出:课程研制必须关注确定基本目标、选择学习经验、组织学习经验和评价学习结果等连续循环的过程。[2] 按照怀特海的观点:过程是终极范畴,现实存在的"存在"是由其"生成"所构成的。[3] 因此,目标是生成的,具有过程属性。我们必须用生成性过程观看待泰勒的课程研制原理,深刻理解"目标——内容——经验——评价"这个"合生"过程,而不是原子化地将它们作机械割裂的理解。事实也应该如此,过程是有目标的过程,课程开发不是漫无目的的"撒野",育人目标是内生于课程之中的,课程是基于育人目标导引的连续生成过程。

在课程变革过程中,学校课程管理要按照全面发展的要求,确立育人目标,基于此目标建构课程,推进立德树人根本任务的实现。可现实情况是,我们很多学

---

[1] 邱国栋,王涛. 重新审视德鲁克的目标管理——一个后现代视角[J]. 学术月刊,2013,45(10):20—28.

[2] (美)拉尔夫·泰勒. 课程与教学的基本原理[M]. 施良方,译. 北京:人民教育出版社,1994:2.

[3] (英)怀特海. 过程与实在:宇宙论研究(修订版)[M]. 杨富斌,译. 北京:中国人民大学出版社,2013:29.

校"有课程内容,无育人目标;有育人目标,无课程目标;有课程目标,无目标管理",由此造成了"课程离心化"倾向。在这些学校,课程不是为了育人,而是为了育分;不是为了育完整的人,而是为了育单向度的人。当然,这在本质上也取消了目标——人因此悄悄地消失了。

课程的价值实现要以人的发展为旨归,基于过程哲学的目标管理是在学校内部建立"过程——目标"合生体系,进而把所有人有机联系起来,使集体力量得以最佳发挥。学校课程变革应基于理性精神之诉求,按照过程哲学指引下的目标管理要求,围绕育人目标的实现来推进课程育人过程。首先,确定学校育人目标。育人目标的确立必须依据全面发展的要求,结合学校课程理念,清晰地刻画育人图像。清晰刻画育人图像应符合全面发展的意涵与要求,五育融合,切合实际,与学生的心理年龄和发展阶段相适应,表述应通俗易懂、生动形象。其次,厘定学校课程目标。学校课程目标是育人目标的年段要求和具体表现,它可以对照国家课程方案的总体要求,并与学校的特定实际有机结合。最后,建构学校课程体系。基于课程目标,建构学校课程体系:横向上,要求对学校课程进行逻辑梳理与分类,搭建学校课程框架;纵向上,要求按照年级与学期时间序列匹配课程,形成支持目标实现的课程设置。可以说,学校课程体系的建构是目标导引的理性精神照耀学校课程变革的过程,体现了育人目标同课程目标的完美结合,展现了把课程作为"跑道"和作为"奔跑"过程的有机结合。因为,"从关系和时间视域看,过程标志着现实存在之间的本质联系,标志着现实发生从过去经过现在流向未来"[①]。

由此观之,课程育人是充满人文情怀的目标驱动过程。学校应倡导团队成员通过他们自己的语言以及社会互动来形成并宣传有关育人目标和课程目标的独特界定,用这样的独特界定来驱动学校课程管理,进而确证育人目标在课程内容的丰富和课程实施的活性上得到落实。如此,在课程建设过程中,目标管理可以使组织成员对自己的"育人身份"产生特殊的认同感,而这种认同感可以由他的专业眼光来定位,并在课程开发中形成育人的敏感性、共识性和自觉性。

不同的时代,有不同的育人主题;不同的学校,有不同的育人取向。此时代的

[①] 杨富斌,等.怀特海过程哲学研究[M].北京:中国人民大学出版社,2018:253.

课程育人表现出有别于其他时代的鲜明特征,具有人本化育人、系统化育人和特色化育人等特点。学校课程深度变革必须回归教育初心,落实立德树人根本任务。对中小学来说,课程改革必须全面理解课程改革的国家意志、提升课程自觉,创造性地提出课程育人的新理念、新思路和新方法,为学校课程治理现代化贡献力量。

"课程育人新坐标丛书"是郑州市管城回族自治区推进"品质课程"项目的成果。全区20所学校围绕课程品质提升,在学校课程变革方面积极探索,取得了可喜的成效。他们的实践证明:课程育人是一种理念,必须推进学校教育哲学的同步变革;课程育人是一种机制,必须重构学校课程系统的结构和功能;课程育人是一种行动,必须在文化建设、课程设计、路径激活和管理更新上下功夫。课程育人是回归教育初心的行动路径和实践方略,是课程的工具属性与价值属性的统一,是内容增值和路径创新的统一。

杨四耕

2023年2月11日于上海市教育科学研究院

目录

总　论　｜　走向具身化的语文课程　／ 1

第一章　｜　具身性：让语文学习身心合一　／ 9

具身语文课程的核心特征即具身性，具身性强调认知存在于大脑，大脑存在于身体，身体存在于环境，儿童思维的建构是大脑、身体、环境等多因素交融下的整体性实践活动。同时，儿童的语文学习是多种感官相互作用的过程，除了听，还可以通过尝、闻、看、触等多种方式来自主建构，达到身心合一的体验状态。唯有让学生亲力亲为，立足"身心合一"，打破身体和心智间的壁垒，才能让儿童在语文学习中获得真实的体验，凸显生命价值。

第一节　让语文学习回归本源　／ 11
第二节　润养生命情性的土壤　／ 13
第三节　建构原味的学习图景　／ 19
第四节　创设真实的学习体验　／ 22

第二章　｜　统全性：促儿童体验多元万象　／ 33

走向具身的语文课程在目标上具有统全性，它从时空上整合了学习的主体与客体、理论与经验、显性与隐性等诸多要素，并通过它们的有序交融构筑了完整的目标体系。因此，具身语文课程结合课程标准与核心素养，既在儿童识字与写字、阅读与鉴赏、表达与交流、梳理与探究等方面设置显性课程目标，又在实现语文课程学习过程中的语言运用、文化自信、思维能力、审美创造等方面设置隐性课程目标。

　　第一节　追寻致美馥郁的生命场　/ 35
　　第二节　筑垒自然适宜的智慧场　/ 38
　　第三节　开启缤纷活力的学习场　/ 43
　　第四节　创设韵味芬芳的体验场　/ 46

第三章　｜　耦合性：在组元交融中启智增慧　/ 61

　　耦合性是具身语文课程的基本特性之一，它要求课程各板块之间建立互相交融的依赖关系。走向具身化的语文课程立足"身心一体"，结合语文学科属性、课程标准、课程目标、儿童特性，设置识字与写字、阅读与鉴赏、表达与交流、梳理与探究等多板块"组元交融"课程。同时课程的设置由浅入深、循序渐进，形成了一套交融的、黏合的、系统的、身心共同参与的语文课程体系，为儿童的成长筑垒根基，让儿童能以最佳的态度与最愉悦的感受启智增慧。

　　第一节　让语文学习精彩纷呈　/ 63
　　第二节　唤醒雅致成长的潜能　/ 65
　　第三节　编织慧智尽美的境际　/ 71
　　第四节　搭建舞台促生命成长　/ 74

第四章　｜　灵智性：让语言习得充满跃动感　/ 85

　　走向具身化的语文课程内容要灵活多样、启发智慧，具有灵智性。灵智的课程内容，既包含听、说、读、写等基础知识，又有提升思维的实践活动、项目学习活动、多学科统整课程等跃动多彩的语文课程内容；既主张教学内容新颖灵动，又考虑儿童活泼好动的特性，并从这两个方面来规划，为儿童创设一个灵动的体验场。具身语文课堂的灵智性，注重构建"身体在场"的灵动成长空间；重视儿童在学习中收获知识、体验美好、关怀生命；助力儿童在创造中放飞思想、张扬特性、发展能力。

　　第一节　探索合宜的生长空间　／ 87
　　第二节　助力儿童的智味成长　／ 90
　　第三节　创设灵动的学习内容　／ 93
　　第四节　构筑智慧的体验场域　／ 97

第五章　境域性：创多向交互的体验域　／ 107

　　关注情境，植根情境，使具身语文课程具有鲜明的场域空间。具身语文课程重视学习空间的熏陶感染作用，强调在"此时此刻""此时此地""此情此景"下，儿童去参与与体悟、对话与沟通，与语文在情境中深度遇见，焕发思维的光芒。不同的学习空间拨动着不同的生命韵律，在具身语文课程实施过程中，我们创设多维可感的、生动具体的学习情境，使儿童在精心编织的互通交融的空间中自在翱翔，采撷文字的美好。

　　第一节　让语文学习多向碰撞　／ 109
　　第二节　用情境焕发思维光芒　／ 111
　　第三节　建悦动多维学习空间　／ 118
　　第四节　与情境语文深度遇见　／ 122

第六章　体涉性：在动态共生中扩展思维　／ 133

　　儿童的学习是一个从未知到已知、从陌生到熟悉的渐进过程，此过程需要儿童的身体全面涉入其中。因此，具身语文课程的实施也是处于动态生成的场域中，不是固定的、机械的、模式化的，而是儿童与教师、环境等因素之间通过对话交流而产生的超出学习预期之外的经验，是一个动态加工、不断重构的生成性过程。我们在注重教学预设性的同时，追求生成性教学的实践价值，落实"从做中学"，帮助儿童在动态生成中体验，为儿童的生命成长插上翅膀。

第一节　让语言学习动起来　/ 135

第二节　享语文的生成之美　/ 137

第三节　构能动的学习盛景　/ 142

第四节　悟语文的鲜活之魅　/ 145

第七章　│　开放性：绘自然合宜的文化乐园　/ 155

课程评价是一个价值判断的过程，是学习活动的最终归宿，也是学习活动的开端，走向具身化的语文课程构建了自然合宜的课程评价体系，全面判断学生的学习状态和效果，评价的核心即在自然合宜的文化乐园中，促进学生的综合发展。课程评价犹如一把度量的尺子，需要我们客观、公正，又要坚持"开放性"原则，把儿童的发展作为首要考虑因素。因此，设置自然合宜的评价乐园，让儿童在轻松愉悦中畅享，感受文化的魅力，体悟生命的美好。

第一节　让语文学习多元化　/ 157

第二节　品悟醇美助力发展　/ 159

第三节　组建丰盈学习乐园　/ 168

第四节　多元平台乐享致趣　/ 171

后记　/ 187

总论

走向具身化的语文课程

"具身"一词是当代认知科学领域热议的话题之一,它的核心之意是强调身体在认知过程中的参与度,重视认知对身体的依赖性,后来具身认知理论被相继引入语言学、教育学等学科领域。该理论对学校教育的意义在于,一方面具身认知能够使学校课程的开发和建设更加完善、科学、合理,在课程实施中逐步形成走向具身化的课程新样态;另一方面通过开发走向具身化的课程群,能有效促进教学变革,让学生真正成为全面发展的人。

一、具身认知的研究缘起

在西方哲学史上,传统认知理论的代表人物笛卡尔的"身心二元论"长期占据一席之地,"身心二元论"将身体与心灵、身体与意识、物质与精神完全对立起来,片面强调大脑在认知过程中的作用,漠视身体在学习经验生成中的重要意义。随后,17世纪的英国经验主义哲学家、教育家洛克对"身心二元论"提出了质疑,洛克主张人的一切观念都来自身体各个感官所获得的经验,身体活动是人类开展各种活动的物质基础和有力保障,洛克的这一观点为现代具身认知理论提供了重要基础。同时,还有一些理论为批判传统认知观提供了佐证,18世纪瑞士著名的儿童心理学家、认知心理学派的代表人物皮亚杰在论述认知理论时,提到认识是在学习活动中建构而来的,在建构的过程中,身体、动作及相关活动扮演着重要的角色。19世纪以来,瓦雷拉、汤普森、罗施在《体化认知》中,首次正式对笛卡尔"身心二元论"的认知观提出挑战,他们认为认知是有机体适应环境的一种活动。认知科学家、哲学家克拉在瓦雷拉等人提出的观点的基础上,主张心智和身体不可分,即心智和身体是没有明确的界限的,强调学习者本身的积极性和主动性。[1]

1945年,法国身体现象学的代表人物梅洛庞蒂出版了《知觉现象学》,他在书中首次提出了具身哲学思想,认为身体及身体活动塑造了我们的认知方式,认知的过程是身体和环境交互作用的结果。梅洛庞蒂的身体理论彻底打破了"身心二元论"的观点,梅洛庞蒂认为认知的主体是人的身体,人的知觉、身体、世界三者是完整融合的统一体,并且主体对世界的认识是通过身体才得以实现的。

随着研究的深入,具身认知逐渐进入更广泛的研究视域,具身认知的概念界定越来越明晰。这种观点让身体作为知觉的中心,最终让身体、知觉和环境建构为一个粘连的整体,让课堂场域成为"身体"的主动建构者。孟伟先生在《概念辨析》一文中谈到:"'具身认知'(embodied cognition),也有学者翻译为'涉身'认知。"叶浩生认为,具身认知的中心含义是"人的身体在认知的过程中起到了非常关键的作用;认知是通过身体的体验及其行为活动方式而形成"[2]。殷明和刘电芝认为,具身认知揭示了传统认知的重要缺陷——对个体身体的忽视,突出了认知的涉身性、体验性与环境性。根据具身认知生成的路径,可以分为实感具身、实境具身和离线具身。[3] 由此,我们认为具身认知视野下的学习具有以下特征:一是坚持以学生为中心、儿童立场;二是重视身体对知识学习的重要作用,强调身心合一;三是要求积极创建学习情境,动态生成体验。

我们在教育哲学的百花园中,采撷一朵具身认知之"花",嗅到了语文课程的沁人芬芳。具身学习理论引发了教育学术界对于课程本质的反思,在教育全球化普及、未来课程改革和儿童学习方式转变的背景下,构建新型课程样态,是学校课程规划所要研究的新课题,同时这也促使我们对小学语文学科课程群建设、开发具身语文课程进行了深入思考。何为具身语文课程?我们认为,具身语文课程是以具身认知理论为指引,促使儿童在语文学习活动中,打通心智、身体、环境的经脉联系,使儿童全身心参与语文学习中,以此丰富儿童语言积累,增强语感,发展思维,培养学生语文学科核心素养。

---

[1] 刘从胜.瓦雷拉生成认知观的理论探析及其意义[D].太原:山西大学,2012.
[2] 叶浩生.具身认知:认知心理学的新取向[J].心理科学进展,2010,18(05):705—710.
[3] 殷明,刘电芝.身心融合学习:具身认知及其教育意蕴[J].课程.教材.教法,2015,35(07):57—65.

二、具身语文课程的基本特性

打好具身语文课程核心特征之稳固基石,才能垒砌起课程之广厦。我们尝试用具身认知理念指导我们的小学语文学科课程群建设,在语文课程理念、课程目标、课程结构、课程内容、课程空间、课程实施、课程评价等方面进行了一些积极的探索和实践,总结出了走向具身化的语文课程具备的七大特性——具身性、统全性、耦合性、灵智性、境域性、体涉性、开放性。

具身性:让语文学习身心合一。儿童是一个能动的、完整的人,是没有脱离身体和心智的发展个体,儿童的学习活动必须是身心一体参与的。具身语文课程的核心特征即具身性,具身性是在诸多身体因素及其相互关联中实现的,它强调认知存在于大脑,大脑存在于身体,身体存在于环境。儿童思维的建构是大脑、身体、环境等多因素互通交融作用的整体性实践活动。具身语文课程打破传统的"离身学习",使身体从教学的边缘走向核心,最终让身体处于一个极为宽泛的生理、心理和文化情境中。同时,儿童的语文学习是多种感官相互作用的过程,除了听,还可以通过尝、闻、看、触等多种方式来自主建构,主动获取经验,达到身心合一的体验状态。唯有让学生亲力亲为,立足"身心合一",打破身体和心智间的壁垒,实现二者的深度融合,才能使儿童在语文学习中彰显主体地位,获得真实的学习体验,凸显生命价值,培育核心素养。

统全性:促儿童体验多元万象,让儿童在多元万象中体验并习得。课程领域的目标在教学活动中犹如一盏明亮的灯塔,具有引领作用。只有统全的课程目标才能促成"目标——内容——实施——评价"等主要教学任务的有效达成。具身语文课程目标具有统全性,它从时空上整合了学习的主体与客体、理论与经验、显性与隐性等诸多要素,并通过它们的有序交融构筑了完整的目标体系。聚焦具身语文课程,它不仅关注了儿童身心对知识的掌握情况,也关注学习过程中儿童认知、意志、行为、情感、表达等多方面的体验。具身语文课程结合语文课程标准与核心素养,既在儿童识字与写字、阅读与鉴赏、表达与交流、梳理与探究等方面设置显性课程目标,又在实现语文课程学习过程中的语言运用、文化自信、思维能力、审美创造等方面设置隐性课程目标。

耦合性:在组元交融中启智增慧。课程的耦合性指在课程结构中,各板块之间交融的依赖关系和复杂程度,课程板块间交融越紧密,其耦合性越强。走向具身化的语文课程立足"身心一体",在充分尊重学生个体体验的基础上,设置"组元交融"课程结构体系,为儿童的成长筑垒根基,让学生能以最佳的态度与最愉悦的感受启智增慧,沉浸在学习中。基于此,我们聚焦语文学科属性、课程标准、课程目标、儿童特性,在识字与写字、阅读与鉴赏、表达与交流、梳理与探究等多个板块设置具身语文课程。在课程设置层面,不仅依据各年级儿童的认知特性,由浅入深、循序渐进,而且统筹考虑低、中、高三个学段,六个年级,十二个学期的课程安排,形成一套交融的、黏合的、系统的,身心共同参与的语文课程体系。

灵智性:语言习得跃动多彩。走向具身化的语文课程内容要具体生动、灵活多样、启发智慧。灵智的课程内容,既包含听、说、读、写等基础知识,又有辅助儿童锻炼动手操作能力,提升思维能力的生活实践活动、项目学习活动、多学科统整课程等跃动多彩的语文课程内容;既主张教学内容从导语、人物形象、意境、诵读、多媒体等外在形式的新颖灵动,又考虑学生活泼好动的性格特征,并从这两个方面进行规划,为儿童创设一个灵动的体验场。具身语文课堂的灵智性,注重努力构建"身体在场"的灵动成长空间;重视儿童在学习过程中习得语言、收获知识、体验美好、关怀生命;助力儿童在交流创造中放飞思想、张扬特性、发展能力;促使儿童在语言文字的世界里谱写和谐、悦耳的交响乐。

境域性:创多向交互的体验域。关注情境,植根情境,使具身语文课程具有鲜明的场域空间特性。具身语文课程重视学习空间的熏陶感染作用,强调儿童身体嵌入现时的情境之中,尊重儿童在学习过程中的独特体验。儿童的语文学习是嵌入情境当中的,这种情境不是简单的外界物理环境,而是包括身体在内的物理环境以及师生共同组成的、参与其中的学习共同体。不同的学习空间拨动着不同的生命韵律,在具身语文课程的开发和实施过程中,我们将知识嵌入特定场域中,创设多维可感的、生动具体的、情感丰沛的学习情境,强调在"此时此刻""此时此地""此情此景"下,儿童去参与与体悟、对话与沟通。[①] 与语文在情境中深度遇见,焕发思维的光芒。我们精心编织互通交融的空间,让儿童在开阔无垠的语文学习中

---

① 胡德运.儿童具身学习:价值意蕴、核心要素与实践路径[J].基础教育课程,2020(17):37—43.

自在翱翔,采撷文字的美好。

体涉性:在动态共生中扩展思维。对于儿童而言,学习是一个从未知到已知、从陌生到熟悉的渐进过程,在此过程中,需要儿童的身体全面涉入其中。因此,具身语文课程的实施也是处于动态生成的场域中,不是固定的、机械的、模式化的,而是儿童在学习过程中,与教师、环境等因素之间通过对话交流而产生的超出学习预期之外的经验,是一个动态加工、不断重构的生成性过程。在此过程中,儿童通过自身经历主动获得知识,培养思维品质。在实施上,我们构建具有"具身特质"的语文动态课堂,研发身心一体的主题课程,打造特色语文实践活动,开展"彰显身体"的语文研学活动,来丰富儿童的独特体验。另外,我们在注重教学预设性的同时,追求生成性教学的实践价值,落实"从做中学",帮助儿童在动态生成中体验,为儿童的生命成长插上翅膀。

开放性:绘自然合宜的文化乐园。课程评价是一个价值判断的过程,是学习活动的最终归宿,也是学习活动的开端,走向具身化的语文课程构建了自然合宜的课程评价体系,能全面地判断学生的学习状态和学习效果,我们认为评价的核心就是在自然合宜的文化乐园中,促进儿童的综合发展。在评价形式上,我们设置了不同形式的主题式活动,例如"汉字王国""遨游童话世界""我名我秀"等,来提升儿童的参与兴趣,关注儿童的真实表现。另外评价的内容也更加开放,如知识的掌握、思维能力、实践能力、沟通、交流、合作、获取信息、体验、感知等以学习为目的的身体活动,都纳入语文课程的评价范围中。课程评价犹如一把度量的尺子,需要我们客观、公正,又要坚持"解放性"原则,把儿童的发展作为首要考虑因素。因此,设置自然合宜的评价乐园,让儿童在轻松愉悦的过程中畅享,感受文化的魅力,体悟生命的美好。

二、具身语文课程群的发展图景

在具身语文课程的建构和实践中,我们努力植根和培育区域语文课程群的大树,发现随着课程理念、课程目标、课程结构、课程内容、课程空间、课程实施、课程评价的改变,具身语文课程群之树在学生、教师、课程、学校等方面均育出了丰收之果,得到了不同层面的收获:儿童语文学习的兴趣逐渐浓厚,学习方式发生了巨大的变化；儿童的语文核心素养得以落实；有效促进了教师教学方式的转型；实现了学校课程建设的文化自觉。

构建具身语文课程，能够达成儿童学习方式的身体转向。具身课程旨在唤醒儿童的身体参与，强调身体多感官的参与性，以身心合一的状态融于学习情境之中，达到知、情、意、行的和谐统一。这要求儿童在学习的过程中，转变以往传统的、被动接受的、机械训练的学习方式，达成学习方式的身体转向，调动听、尝、闻、看、触等多种感官，让儿童真实经历、真实感悟、真实获得，并在此基础上，鼓励儿童在学习时积极与学习情境相交融，在开放性、多样性、真实性的学习情境中获得体验、得到感悟、唤醒身体感觉，进而发展高阶思维，进行深度学习。如，在区域实践中，有的老师通过用肢体表演词语，帮助学习者把词语和相应的动作、图像或对话相联系，极大提升了儿童的阅读效果。因此，我们更倾向于将语文学习和儿童的身心体验相结合，让学习者与语文课程内容之间产生互动体验，从而大大提高儿童语文学习的效率。

构建具身语文课程，能够落实儿童的语文核心素养。语文学科核心素养包括"文化自信、语言运用、思维能力、审美创造"四大素养，而这四大素养本质上是"具身性"的素养，培育四大素养需要通过身体和心理共同参与学习过程。因此，在具身学习中，要把握儿童成长的时代特征，开展深度学习，促进知情意行的统一；同时在学习过程中重视多感官的参与，通过身体参与活动帮助儿童体悟过程，从而提升思维品质；通过对创新思维与反思能力的培养，最终培养学生的语文核心素养，让学习者真正发展成为有宽厚文化基础、有自主发展能力、有社会参与能力的现代公民。

构建具身语文课程，能够有效促进教师教学方式的转型。具身课程要求学习者的身体和心理达成契合统一，而教师是具身课程的参与者和实践者，这对教师的角色转型也提出了相应的要求。具身课程体系之下的教师，在教学开始之前，要多积累具身认知的理论知识，同时在选定学习场所、甄别学习内容、选择学习方式、确定学习目标时要以身心一元论为基石和导向。在教学过程中，多设计交互性的教学环节，多调动儿童的身体体验，多开发真实多样的教学情境。在教学完成后，要反思教学行为，借助可视化量表评估学生的学习效果。因此，在语文具身课程的开发和建设过程中，教师应是学习情境的创建者、学习活动的设计者、学习动机的调动者,教师的学习方式和教学方式都要适时调整,以适应具身课程的要求。

构建具身语文课程,能够实现学校课程建设的文化自觉。文化自觉是指一个群体对其文化的自觉,是文化主体需要追求的一种精神状态,也是一种素养体现,它意味着文化主体对于文化的接受或践行不是被动的、盲目的,而是自觉的、理性的。学校课程建设的文化自觉是指学校课程建设主体在对学校课程建设的文化传统、现实境况和未来发展走向自觉思考的基础上,所展现出来的一种责任、一种情怀、一种领悟,确立其适切的文化价值取向并自觉践行。① 传统课程已不能满足新时代的、全球化的教育诉求,因而需要能够尊重儿童身体经验、相信儿童的主体能力、发展儿童身心的课程体系,而这样的课程体系也应成为一种课程自觉。因此,开展对身心合一的语文具身课程的研究,能够激发学校课程建设的文化自觉,学校课程建设的文化自觉也能反向促进对具身课程的深度研究。

本书主要从具身性:让语文学习身心合一;统全性:促儿童体验多元万象;耦合性:在组元交融中启智增慧;灵智性:语言习得跃动多彩;境域性:创多向交互的体验域;体涉性:在动态共生中扩展思维;开放性:绘自然合宜的文化乐园"七个方面,详细介绍了我们管城回族区在小学语文课程群建设中的一些思考和区域实践,希望这样的思考和实践能够为具身课程的建构提供一种新的思路和方法,也希望这样的思考和实践能够不断丰富和促进具身课程理论在更多的学校得到实践和应用,能够更好地促进儿童语文学习方式的转变。

---

① 蔺红春,徐继存.论学校课程建设的文化自觉[J].教育理论与实践,2016,36(34):53—56.

第一章
具身性：让语文学习身心合一

  具身语文课程的核心特征即具身性，具身性强调认知存在于大脑，大脑存在于身体，身体存在于环境，儿童思维的建构是大脑、身体、环境等多因素交融下的整体性实践活动。同时，儿童的语文学习是多种感官相互作用的过程，除了听，还可以通过尝、闻、看、触等多种方式来自主建构，达到身心合一的体验状态。唯有让学生亲力亲为，立足"身心合一"，打破身体和心智间的壁垒，才能让儿童在语文学习中获得真实的体验，凸显生命价值。

郑州市管城回族区实验小学始建于1972年,是我国首位进入太空的女航天员刘洋的母校。学校现有语文教师36名,团队平均年龄40岁,其中省级骨干教师3名,市级骨干教师3名,区级名师3名,名师、骨干教师占语文教师总人数的25%,多人参加市、区级优质课比赛和素养大赛并获奖。一直以来,语文教师团队深入研读教育理论和教材,以提高每一位儿童的综合素养为理念,结合校情、学情,不断深化课程改革,推动语文学科的再提升。我们依据教育部《关于全面深化课程改革落实立德树人根本任务的意见》和《义务教育语文课程标准(2022年版)》,推进语文学科课程群建设,取得了可喜的成效。

第一节　让语文学习回归本源

一、学科性质

《义务教育语文课程标准(2022年版)》指出："语文课程是一门学习国家通用语言文字运用的综合性、实践性课程。工具性与人文性的统一，是语文课程的基本特点。"[①]

语文学科综合性、实践性的特点，决定了在构建语文学科课程时，应首先回归语文教学的本源，牢牢抓住"语用"这个核心词，努力开发富有活力的语文课程。

二、学科课程理念

依据《义务教育语文课程标准(2022年版)》，基于对语文学科性质的理解，结合学校文化、语文学科的实际情况，在不断的教学实践中，我们提出了"原味语文"的课程哲学。我们认为，"原味语文"的内涵如下。

"原味语文"是回归本源的语文。语文课堂的主要任务就是语言文字训练：感悟语言文字的魅力，学习语言文字的技法，获得语言文字的运用能力。"原味语文"课堂教学让儿童在听说读写、字词句段、语修逻文的训练中扎扎实实练好语文学习的童子功，从而拥有良好的语文素养，为儿童的全面发展和终身发展打下基础。

"原味语文"是发展思维的语文。语言和思维是密不可分、相互依存的，儿童掌握语言的过程也是思维发展的过程。"原味语文"课程就是在发展儿童语言能力的同时，发展儿童的思维，发展儿童的心智，发展儿童的情思，使其思维得到充分发展和提升。

[①] 中华人民共和国教育部. 义务教育语文课程标准(2022年版)[S]. 北京：北京师范大学出版社，2022：1.

"原味语文"是创新实践的语文。儿童的生活学习是以已有的生活经验为基础的,"原味语文"扎根于儿童的生活,实现教学与儿童真实生活体验的无缝连接,让儿童在生活中观察自然、观察社会,发现问题、思考问题、解决问题,在儿童学习、探究的过程中培养其创新精神、实践能力,追求有思维、有生成、有收获的境界。

　　"原味语文"是积淀文化的语文。语文课程的建设应继承我国语文教育的优良传统,要致力于继承和弘扬中华优秀传统文化和革命传统。"原味语文"课程着力引导儿童认识中华文化的丰厚博大,汲取民族文化的智慧,吸收人类优秀文化的营养,提高文化品位。

　　总之,"原味语文"致力于引导儿童扎实练好语文基本功,培养儿童语言文字的运用能力,提升儿童的综合素养,为儿童的全面发展和终身发展打下良好的基础。因此,"原味语文"的课程理念是——让语文学习回归本源。

第二节　润养生命情性的土壤

《义务教育语文课程标准(2022年版)》指出:"语文课程围绕核心素养,体现课程性质,反映课程理念,确立课程目标。"[1]

"义务教育语文课程培养的核心素养,是学生在积极的语文实践活动中积累、建构并在真实的语言运用情境中表现出来的,是文化自信和语言运用、思维能力、审美创造的综合体现。"[2]

基于以上语文课程标准的描述,结合我校"让语文学习回归本源"的课程理念,我们制定了"原味语文"课程的总目标和分年段课程目标。

一、学科课程总目标

我校"原味语文"课程的总体目标是:能听会说,悦读乐写,勤思善辨。

——能听会说:能够更好地理解对方表达的内容,从而运用口头语言文明地进行人际沟通和社会交往。

——悦读乐写:具有独立阅读的能力,学会运用多种阅读方法进行阅读,能够享受语言的美感,体会人文的魅力,丰富自己的精神世界;乐于书写,能够具体明确、文从字顺地表达自己的见闻、体验和想法,发展书面语言运用能力。

——勤思善辨:在发展语言表达能力的同时,发展思维能力,学习科学的思想方法,学会辩证地看待问题,逐步养成实事求是、崇尚真知的科学态度。

二、学科课程年级目标

基于上述课程目标,参照国家课程方案和《义务教育语文课程标准(2022年

---

[1] 中华人民共和国教育部. 义务教育语文课程标准(2022年版)[S]. 北京:北京师范大学出版社,2022:4.
[2] 中华人民共和国教育部. 义务教育语文课程标准(2022年版)[S]. 北京:北京师范大学出版社,2022:4.

版)》,结合教材和教师用书,我们将课程总目标进行细化,形成了分年级的课程目标。这里,我们以一年级为例(见表1-1)。

表1-1 "原味语文"一年级目标

年级 \ 单元 \ 学期	上 学 期	下 学 期
一年级 第一单元	1. 学习利用已有的生活经验,借助象形字识字、看图识字、对对子识字等多种方法识字。初步了解汉字的文化内涵,产生主动识字的意愿。 2. 培养儿童良好的学习习惯,特别是读书和写字的习惯。 3. 区分形近字,了解汉字字形的不同,了解汉字"从上到下""先横后竖"的笔顺规则,注意笔画在田字格中的位置。 4. 朗读课文,背诵课文《金木水火土》《对韵歌》。在大人的帮助下,用听读唱读的方式学习儿歌《小兔子乖乖》,了解课外阅读的途径,感受课外阅读的快乐。	1. 认识44个生字和8个偏旁,会写28个字和2个笔画,了解形声字的构字规律,学习表示天气的词语。 2. 朗读课文,背诵《姓氏歌》,读诗歌《祖国多么广大》,和大人一起读《谁和谁好》,了解传统姓氏文化,激发对中华传统文化的喜爱之情,尝试自主阅读童谣和儿歌。 3. 能认真听故事,并能借助图片讲故事。 4. 学习音序表,为学习音序查字法打好基础。 5. 了解全包围结构的字先外后内再封口的笔顺书写规则,并能在田字格中正确书写。
一年级 第二单元	1. 正确认读书写6个单韵母、23个声母、10个整体认读音节,记忆声母表的顺序,掌握两拼音节和三拼音节的拼读方法,正确拼读声母和单韵母组成的音节。 2. 认识21个生字,会拼读"bà ba、mā ma"等13个音节词。 3. 通过比较,正确区分形近字母。 4. 通过练习,复习巩固音节拼读的方法。 5. 借助拼音和教师的示范,朗读《轻轻跳》等5首儿歌,在大人的帮助下,能正确朗读《剪窗花》。	1. 认识50个生字和6个偏旁,读准1个多音字,会写27个字和3个笔画,学习一组数量词短语。 2. 正确朗读课文,读准字音,读懂课文,能提取明显信息,能读好带有感叹号的句子,积累古诗《春晓》,和大人一起读《阳光》,感受儿童的美好愿望,激发对革命领袖的敬爱之情。 3. 复习巩固字母表,能将大小写字母一一对应。 4. 通过独体字"日""寸"加上部件成为新字的练习,巩固识字,展示从其他学科中学到的汉字,积累词语,并将词语运用到表达之中。

(续表)

年级 \ 学期 \ 单元	上 学 期	下 学 期
第三单元	1. 正确认读8个复韵母、1个特殊韵母、5个前鼻韵母、4个后鼻韵母、6个整体认读音节，巩固两拼音节和三拼音节的拼读方法，正确拼读声母和复韵母组成的音节。 2. 认识"妹、奶"等16个生字，会拼读"mèi mei、nǎi nai"等15个音节词。 3. 通过比较，读准音近的音节，区分形近复韵母，读准音节词，在四线格中正确书写5个音节词。 4. 能用拼读的方法读准有关物品的音节词，会读由"车"组成的7个词语，并能选择其中一两个词语进行表达。 5. 借助拼音和教师的示范，朗读《小白兔》等5首儿歌，和大人一起阅读《小鸟念书》。	1. 认识33个生字、3个偏旁和4个多音字，会写20个字，学习正确使用字典的方法。 2. 读好"不"的变调，读好对话，读出不同角色说话的语气，朗读儿童诗，初步体会诗歌的情趣。 3. 学习联系上下文了解词语意思的方法，积累意思相对的词语和表示游戏活动的词语。 4. 借助拼音读背古诗《赠汪伦》，和大人一起读《胖乎乎的小手》。 5. 懂得寻求别人的帮助，会使用合适的礼貌用语，能大致讲清楚自己的要求。
第四单元	1. 认识38个生字、9个偏旁和1个多音字，会写14个字和5个笔画，初步树立"反义词"概念。 2. 正确朗读课文，读准字音，感受四季之美，产生对大自然的喜爱之情，拓展积累词语，能运用词语仿照课文说说自己喜欢的季节，认识自然段，积累和拓展带叠词的"的"字短语。 3. 背诵《小小的船》《江南》《四季》，和大人一起读《小松鼠找花生》。 4. 能向他人做自我介绍，并能引起话题，知道与人交谈时，"看着对	1. 认识46个生字、4个偏旁，学会写28个字。 2. 正确流利地朗读课文，读好长句子及问句，注意停顿，积累与身体部位有关的词，归类带有"月"字旁的字，积累"×来×去"这样的词语。 3. 读背《静夜思》《寻隐者不遇》，和大人一起读《妞妞赶牛》，初步感受端午节的传统文化。 4. 学习带有"点"的字，了解点的位置不同，书写先后也不同的笔顺特点。

（续表）

年级 \ 学期 \ 单元	上 学 期	下 学 期
	方的眼睛"是一种基本的交际原则和交际礼仪，学会制作自己的姓名卡片。 5. 积累有关"惜时"的名言，懂得要珍惜时间。	
第五单元	1. 认识55个生字和10个偏旁，会写23个字和2个笔画，发现草字头和木字旁所代表的意思，了解汉字偏旁表义的构字规律。 2. 能利用已有的生活经验，借助会意字识字、归类识字、反义词识字等多种方法识字，进一步了解汉字的文化内涵，喜欢学习汉字。 3. 正确朗读课文，辨析易混淆的音节，背诵《画》，和大人一起读《拔萝卜》，了解故事内容，初步尝试续编故事。 4. 感受古诗描绘的景色，懂得团结协作力量大的道理，受到初步的爱国主义教育。 5. 了解汉字"从左到右""先撇后捺"的笔顺规则，并能在田字格中正确书写。	1. 认识57个生字和一个偏旁，会写28个字。 2. 正确流利地朗读课文，背诵《古对今》和《人之初》，和大人一起读寓言故事《狐狸和乌鸦》。 3. 继续了解形声字的构字规律，能在语境中辨析形近字和同音字。 4. 初步学会独立打电话和接电话，能用上礼貌用语，听清楚主要内容，把话说清楚。 5. 积累歇后语，了解歇后语的特点。
第六单元	1. 认识43个生字、10个偏旁和2个多音字，会写17个字和3个笔画，知道汉字有上下结构和左右结构，学习把字按结构进行归类，交流在生活中自主识字的成果，培养自主识字的习惯。 2. 学会用"前、后、左、右"四个方位词说话，积累一问一答的语言表达方法。	1. 认识37个生字和1个偏旁，读准1个多音字，会写21个生字，读好带有"呢、吧"的问句和感叹句。 2. 运用联系生活、结合图片等方式，理解词语，学习"荷叶绿绿的、圆圆的"这类句子的多样表达，积累文中的比喻句。 3. 读出古诗的节奏和儿童诗的韵味，能分角色读好文中的对话，能正确

(续表)

年级 \ 学期 \ 单元	上 学 期	下 学 期
	3. 学习分角色朗读课文,读好人物说话的语气,认识逗号和句号,初步建立句子的概念,背诵《比尾巴》《古朗月行》,和大人一起读《谁会飞》。 4. 根据场合,用合适的音量与人交流。	抄写句子。 4. 会通过扩写,把一个简单的句子写具体。 5. 朗读并积累气象谚语。
第七单元	1. 认识33个生字和5个偏旁,会写11个字,学习表示亲属称谓的词语。 2. 正确流利地朗读课文,初步尝试找出课文中一些明显的信息,背诵成语,了解成语蕴含的道理,和大人一起分角色读一读《猴子捞月亮》。 3. 学习"的"字词语的合理搭配。 4. 联系生活实际,理解课文内容,感受儿童丰富多彩的内心世界,看图写词语,能根据图片说一两句话。	1. 认识51个生字和2个偏旁,会写27个生字,掌握半包围结构字的书写笔画规则,学习左上包围和右上包围的字"先外后内"的笔顺书写规则,掌握"加一加减一减"的识字方法。 2. 联系上下文和生活经验,理解词语,会用"掰、扛"等动词说话。 3. 借助插图故事情节反复的特点读懂长课文,根据课文信息做简单推断,了解告知事情时,需要说清楚时间地点等要素。 4. 正确流利地朗读课文,朗读并积累关于学习的名言,和大人一起读《孙悟空打妖怪》。
第八单元	1. 认识33个生字、2个偏旁和1个多音字,会写14个字和1个笔画,积累由熟字构成的12个新词,学习写新年贺卡。 2. 正确流利地朗读课文,能找出课文中明显的信息,了解一些自然常识,激发儿童观察自然、观察生活的兴趣。 3. 背诵《雪地里的小画家》《风》,把《春节童谣》读给大人听。 4. 了解汉字"先中间后两边""先外	1. 认识37个生字和3个偏旁,会写21个生字。 2. 能借助图画、形声字特点、生活经验去猜字。 3. 发现反犬旁等所代表的含义,复习巩固形声字偏旁表意的规律。 4. 正确流利地朗读课文,读出祈使句的语气,朗读并背诵古诗《画鸡》,和大人一起读《小熊住山洞》。 5. 联系上下文和生活经验理解词语的意思,积累"碧绿碧绿的、雪白雪

第一章 具身性:让语文学习身心合一 17

(续表)

年级\单元	学期	上 学 期	下 学 期
		后内"的笔顺规则，并能在田字格中正确书写。 5. 积极参与讨论，能大胆说出自己的想法，能选出自己喜欢的方案，并能说出理由。	白的"这类结构的短语。 6. 借助连环画理解课文内容，结合生活情境，体会四种不同的心情，进行说话写话的训练。

在细致、精准的课程目标引领下，实验小学有的放矢地开展"原味语文"课程，为学生语文能力的发展提供润养生命情性的土壤。

第三节　建构原味的学习图景

基于"回归语文学习的本源"这一课程理念，为了实现上述课程目标，我们构建了"原味语文"的课程体系，以进一步提升儿童的语文素养。

一、学科课程结构

依据《义务教育语文课程标准（2022年版）》中关于识字与写字、阅读与鉴赏、表达与交流、梳理与探究的目标要求，结合我校翰墨书香、童声诵经典、实小朗读者等课程，我们将"原味语文"课程分为"趣味识写、韵味阅读、妙味表达、百味实践"四个板块（见下图）。

图1-1　"原味语文"课程结构图

上图中，各板块课程内涵如下：

趣味识写。通过"玩转汉字""翰墨书香"等课程培养儿童主动识字的兴趣，养成认真书写的习惯,关注儿童在识字、写字过程中的体会和认识,帮助儿童感知汉字本身的魅力。

韵味阅读。通过"童声诵经典""我喜爱的一本课外书"等课程引领儿童感悟经典文学的魅力,开拓儿童的视野,提升儿童的思维能力,丰厚儿童的文化底蕴,塑造儿童的精神品格。

妙味表达。通过"小小演说家""我名我秀""童年日记""生活万花筒"等微型课程点燃儿童表达交流的欲望,激起儿童表达和交流的兴趣,拓展儿童表达和交流的空间,教会儿童表达和交流的方法,培养儿童表达和交流的技能。

百味实践。通过开展不同类型的语文综合实践活动,让儿童形成主动探索、实践的能力,使其将课堂所学知识运用到生活中去,解决实际问题,在实践的过程中得到知识和能力的双重提升。

二、学科课程设置

依据"原味语文"课程理念,除基础类课程,我校还设置了各年级的拓展类课程,"原味语文"课程设置表如下(表1-2)。

表1-2 "原味语文"课程设置表

		趣味识写	韵味阅读	妙味表达	百味实践
一年级	上学期	汉语拼音游戏	弟子规 经典童谣	我说你做 小兔运南瓜	认识新校园
	下学期	追根溯源学汉字	声律启蒙 绘本花园	春姑娘来了 说大话的小鸡	成长的足迹
二年级	上学期	翰墨书香	童声诵经典 童话故事	我名我秀 我手写我心	畅猜字谜
	下学期	成语王国	三字经 童诗润童心	小故事大智慧 悦写悦精彩	欢欢喜喜闹元宵
三年级	上学期	字里乾坤	千字文 童话故事	我的暑假生活 我来编童话	商都探秘
	下学期	字里乾坤	论语 寓言故事	小小导游 童年日记	小鬼当家

(续表)

		趣味识写	韵味阅读	妙味表达	百味实践
四年级	上学期	巧说汉字	《大学(节选)》 神话故事	我们与环境 生活万花筒	讲历史人物故事
	下学期	字源追寻	《孟子(节选)》 科普童话	新闻播报 推荐一个好地方	舌尖上的精彩
五年级	上学期	汉字体验馆	《老子(节选)》 名著阅读	制定班级公约 我的心爱之物	览奇闻,说轶事
	下学期	玩转汉字	《庄子(节选)》 书海拾贝	讲民间故事 二十年后的家乡	遨游汉字王国
六年级	上学期	过关斩将	《史记(节选)》 名人传记	小小演说家 妙笔生花	我和诗词 有个约会
	下学期	汉字英雄	历代散文选 邂逅经典	我来当编剧 乐享写作	感恩母校

"原味语文"的课程围绕具有原味特色的"趣味识写、韵味阅读、妙味表达、百味实践"四大课程板块,由浅入深、循序渐进、统筹安排十二个学期的内容,构建了一个有机的、系统的语文课程体系。

第四节　创设真实的学习体验

依据《义务教育语文课程标准(2022年版)》，结合语文学科的实际情况，围绕"原味语文"课程理念，我们从"原味课堂、原味课程、原味语文节、原味研学、原味社团"这五个途径入手，在追本溯源中让儿童的语文学习更加灵动、更加富有质感。

一、落实"原味课堂"，夯实语文学习基础

"原味课堂"的主要任务是语言文字的训练，需在课堂上引领儿童感悟语言文字的魅力，学习语言文字的技法，获得语言文字的运用能力。老师在课堂上带领儿童大量地阅读教学文本，充分地体会词句的含义和作品意境，以作品的语言和精神来滋润学生的心灵。

（一）"原味课堂"的实践操作

"原味课堂"立足于语文教材，在丰富的实践活动中学习语文。教学目标的设定、教学内容的甄别、教学环节的制定、教学方式的确立、教学语言的推敲都应该贴合儿童的生活实际。课堂应充满浓浓的语文味、儿童味、思维味、文化味，引导儿童在课堂上扎实地学习、自然地感受、从容地思考、自由地表达。

语文味——在语文教学的过程中，追求返璞归真的课堂，让儿童在扎实的语文学习中提升语文素养。

儿童味——在教学中凸显儿童的主体地位，让童真、童趣在教师的激励、唤醒中真实体现。

思维味——在儿童学习、探究的过程中培养其创新精神、实践能力，追求有思维、有生成、有收获的语文教学境界。

文化味——在语文学习的过程中认识中华文化的丰厚博大，汲取民族文化智慧，吸收人类优秀文化的营养，提高文化品位。

（二）"原味课堂"的评价

根据"原味语文"的内涵，可以从以下几个方面对课堂进行评价，评价标准具体如下(表1-3)。

表1-3 "原味课堂"评价细目表

评价项目	评分标准	分值	得分
课堂目标	1. 学习目标设计是否精准,是否有具体的课时目标。 2. 是否做到依据课标、单元导读、课后习题、语文园地、实际学情等制定适切的学习目标。	20分	
课堂设计	1. 课堂结构是否简约,是否围绕学习目标的落实而设计。 2. 课堂是否围绕目标设计,有主探究问题。 3. 主探究问题的设计是否有张力,是否难易适中,让孩子有主动探究的欲望、有自主学习的空间,是否有利于孩子思维能力的发展和表达能力的提升。	20分	
教、学方法	1. 是否引导儿童与客观世界进行充分对话:儿童是否能充分结合一切学习媒介促进语文学习(手动、眼动、嘴动)。 2. 是否引导儿童与自己充分对话:儿童能否运用可视化的思维工具促进自己在阅读中的思维发展。通过儿童的对话展示判断儿童的阅读是否有一定的思维含量(手动、脑动)。 3. 是否引导儿童与教师、同伴之间的多项互动:儿童能否做到认真倾听别人的观点;能否敢于表达自己不同的观点,自信地与他人交流;能否做到不仅愿意和老师,还愿意和同伴进行交流互动(耳动、嘴动)。 4. 课堂是否建立起一个学习场,使学习真正发生。	40分	
课堂效果	评价是否及时、有效。能否根据评价结果以学定教、顺势而导。	20分	
总结评价			

二、开发"原味课程",丰富语文拓展课程

"原味课程"是在基础课程之上,依据学情、师情、校情,创造性研发的拓展课程。

(一)"原味课程"的实践操作

"原味课程"以培养学生的语文实践能力为主,让学生在大量的语文实践中体会、把握语文的规律。

联系生活。语文课程是一门学习语言文字运用的综合性、实践性课程,"原味语文"就是创造性地开展各类活动,联系生活中的实际问题展开学习,增强儿童在各种场合学语文、用语文的意识,通过多种途径提高儿童的语文素养。

聚焦素养。语言文字是人类最重要的交际工具和信息载体,是人类文化的重要组成部分。"原味语文"课程致力在听说读写中培养儿童的语言文字运用能力,提升儿童的综合素养。

挖掘资源。语文课程的开放性,留给学校和教师开发、选择的空间,为儿童留出选择和拓展的空间,"原味语文"充分利用已有的资源,积极开发潜在的资源,从丰富多彩的课程活动中提炼课程资源,使儿童课程资源范围向更广阔的地方延伸,以满足不同儿童学习和发展的需要。

激发兴趣。语文教学应激发儿童的学习兴趣,"原味语文"就是在充满趣味的语文活动中不断提高儿童自身的综合素养。

（二）"原味课程"的评价

结合"原味课程"的实践和操作可以明确,优秀课程要具备目标细化、统整引领；活动体验、高效实施；自主发展、体现成长等特点。

"原味课程"需要具有目标意识,能够将零散的语文学习材料进行统整。新课程背景下,语文学习要注重工具性和人文性的统一。儿童在"原味课程"中整合语文知识、了解语文体系,有利于促进个性发展、能力提升,为儿童热爱祖国的语言文字、培养良好的语文学习习惯、提高语文知识的运用能力,打下坚实的基础。

"原味课程"重视活动体验,能帮助教师高效实施课程。"原味课程"的开发重视儿童的生活体验,在实施中更加重视儿童的活动体验,在课程活动中适度拓宽语文学习和运用的领域,激发儿童学习语文的浓厚兴趣,让儿童在高效的课程活动中发展语文素养。

"原味课程"提倡自主发展,体现课程促进儿童成长的目标。课程的发展要在实施过程中形成特点,教师需在课程中及时反思与总结,不断提高课程品质,加强课程教学研究等。管城区实验小学"原味课程"评价细目如下(表1-4)。

表1-4 "原味课程"评价细目表

项目	评价内容	评价形式	评价等级（优良中下）
理念	开发挖掘有意义的课程内容，满足儿童兴趣发展的需求，促进儿童互助共进交往，内容有可学性、迁移性等，并能及时修整。	看活动方案、学期活动小结等。	
设计	制定以活动为主要实施方法的课程纲要，并根据课程纲要制定一份具体的课程实施计划。	看活动记载本中的课程纲要。	
实施	1. 能根据教学计划，精心准备，坚持因材施教，认真指导。 2. 课程实施能满足儿童的兴趣发展需求，重视发展儿童的个性特长，能开发出适合儿童特点和利于儿童发展的语文课程，重视培养儿童的实践能力和创造能力，使儿童不断有新的收获。	看活动记录、儿童问卷调查、随机访谈、儿童活动感受记录。	
评价	按照课程要求制定出个性化的儿童评价方案，组织好对儿童的发展评价，认真做好评价工作，促使儿童更有兴趣地投入下一阶段的学习。	看评价方案、成果展示。	
反思	能够根据课程纲要的设计、课程实施和课程评价中的各个环节进行思考，形成有效的经验和建议，并积极完善课程。	个别访谈、查看反思。	

三、打造"原味语文节"，营造语文学习氛围

"原味语文节"就是学校开展多种形式的特色语文活动，让儿童在语文学习的过程中感受语言文字的魅力，在实践中学习、运用祖国语言文字，汲取优秀文化的营养，全面提高儿童的语文素养。

（一）"原味语文节"的活动设计

"原味语文节"以年级为单位进行，不同年级不同主题，立足语文教材、语文实践，开展丰富多彩的活动。

一年级主题为"巧说汉字"。结合语文教材综合实践板块，创设丰富多彩的教学情境，引导儿童讲汉字的故事、寻汉字的根源，把枯燥的汉字学习，变得生动、有趣，从而激发学习兴趣，提高识字教学的效率。

二年级主题为"我名我秀"。围绕"名字里的故事"展开活动,儿童讲自己名字的故事,挖掘名字背后的含义,通过查一查、讲一讲、画一画等活动引导儿童了解名字中独特的内涵和智慧,感受汉字的魅力,调动儿童的求知欲,培养儿童主动探究的精神,为儿童的全面发展打下坚实基础。

三年级主题为"寓理于言"。结合教材寓言单元,带领儿童读寓言、讲寓言、演寓言、写寓言,引导儿童了解寓言故事的悠久历史,让儿童从寓言故事中明白做人的道理,促进儿童自身的成长。

四年级主题为"春天诗会"。诗歌是中华民族优秀传统文化的重要构成,中华诗歌是文学的花园,是文化海洋中的一朵浪花;在四年级开展收集诗歌、创编诗歌、诗歌朗诵会、出版诗集等活动,促使儿童与诗歌同行,编织诗意的人生。

五年级主题为"玩转汉字"。通过多样化的互动和体验,带领儿童细细感受汉字的温度,培养儿童的语文实践能力,提高儿童的语文素养,解码蕴含在中华汉字中的智慧和价值观,帮助儿童成长为对中华文化充满自信的人。

六年级主题为"感恩母校"。结合六年级儿童即将毕业离开母校这一现实,在即将毕业的时候开展分享难忘回忆、制作成长纪念册、撰写毕业赠言、为母校写信等活动,唤醒儿童对往事的回忆,可以让儿童在珍藏记忆、表达情感、祝福未来的同时,综合运用语文知识与技能,促进语文素养的发展。

此外,学校每个学期开展"国学达人秀"测评活动、"品经典诗文 做书香少年"等活动,旨在激发儿童学习语文的兴趣与热情,培养"能听会说、悦读乐写、勤思善辨"的实验学子。"原味语文节"活动的设计开放、多元,拓宽了儿童语文学习和运用的领域,提升了儿童的综合素养,为儿童的全面发展和终身发展打下了良好的基础。

（二）"原味语文节"的课程评价

"原味语文节"评价的根本目的是促进儿童综合素养的提升,活动的设计要规范、科学,评价要有依据,评价方式应多样化,能从评价结果中全面了解儿童语文学习的过程和效果。具体评价细目如下（表1-5）。

表1-5 "原味语文节"评价细目表

项目	评价标准	等级（优良中下）	亮点	建议
主题	鲜明、与时俱进，有明确的指向性。			
	贴合实际，体现学校儿童成长特质的要求。			
内容	活动内容新颖有趣，符合儿童的年龄特征。			
	结合实际，贴近儿童生活和社会现实。			
形式	寓教于乐，有利于儿童个性特长的展示。			
	层次分明，结构完整紧凑。			
	丰富多样，儿童喜闻乐见。			
	环境营造恰当，较好地深化节日的主题。			
过程	儿童参与积极性高，能充分发挥他们的主体作用。			
	循序渐进，激发儿童热爱祖国、热爱生活、热爱他人。符合儿童的认知特点和情感发展规律。			
	教师引导儿童有方，指导有度。			
效果	儿童积极参与，感悟深刻，激起情感共鸣。			
	儿童精神振奋，思想境界得到提升。			

四、开展"原味研学"，拓宽语文实践天地

"原味研学"注重儿童的实践过程，引导儿童参与少先队节日活动、主题教育活动，参观爱国主义教育基地等活动，注重儿童探索研究的过程，在活动中提高对自然、社会的现象与问题的认识，引导儿童追求健康、和谐的生活方式，增强儿童在交往过程中的应对能力。

（一）"原味研学"的实践操作

"原味研学"以教学为目的组织实施，以年级、学习小组为单位开展集体活动。儿童在老师或家长的带领下，根据本年级的研学主题，设计合理的研学路线，记录研学过程中的见闻、感受，最终整理成自己的研学日志。

"原味研学"课程的设置尊重孩子的兴趣和需求，研学任务的布置关注儿童研学过程中的体验、感受，注重研学前的信息收集、整理和研学后的归纳、总结、提

升。研学活动充分利用节假日和寒暑假时间,可单独进行,也可以学习小组的形式开展。在课时安排方面,小学1—2年级每学期不少于1课时;小学3—6年级每学期不少于2课时。

"原味研学"不仅让儿童走出校园去认识自然、认识社会,也让儿童在研学的过程中陶冶情操,增长见识。在体验不同的自然和人文环境的同时,激发儿童关爱自然、关心发展、进行科学探究的欲望,培养儿童热爱家乡、热爱社会的思想情感,从而全面提升儿童的综合素养。

根据以上认识,我校设置了"原味研学"课程:上学期间,利用周末时间到商城遗址公园、郑州艺术馆、博物馆、科技馆、图书馆、纪念馆、消防队、红色基地等地点参观学习;寒暑假期间,可以跟随父母游览祖国的大好河山。在研学活动之前,各年级教师确定好研学的目标、内容、研学准备、注意事项、评价方式等,儿童可根据实际情况进行调整、补充。各教研组每学期、每月初统一设置本年级的研学方案,并上报学校,由学校课程委员会审核,批准后方可分批进行活动。

(二)"原味研学"的评价

"原味研学"评价在儿童自我评价的基础上,尽可能采用集体讨论和交流的形式,将个人和小组的经验及成果展示出来,并鼓励相互之间充分发表意见和评论。"原味研学"评价细目表如下(表1-6)。

表1-6 "原味研学"评价细目表

评价项目	评价要点	评价标准	效果(优秀、良好、一般、较差)
目的内容	1. 目标明确	学习组织趣味语文实践活动,能提出问题,并尝试用语文知识并结合其他学科知识解决问题。	
	2. 内容实用	1. 贴近生活,丰富儿童的直接经验。 2. 贴近儿童,丰富儿童的间接经验。	
	3. 内容综合	1. 引入多种信息。 2. 运用语文学科知识。	
	4. 深浅适当	1. 分量适当。 2. 难易适当。	

(续表)

评价项目	评价要点	评价标准	效果(优秀、良好、一般、较差)
方式方法	1. 组织形式	1. 走出校园实践感悟。 2. 具体组织形式得当。	
	2. 儿童活动方法	1. 方法得当。 2. 多法结合。	
活动过程	1. 活动要素	1. 具备基本出行要素。 2. 有机协调家校配合要素。	
	2. 活动步骤	1. 活动准备。 2. 活动展开、研究、实践。 3. 活动评价总结。	
活动效果	1. 儿童自主性	儿童在教师指导下自主思考、设计操作和解决问题。	
	2. 儿童创造性	1. 思路设计新颖。 2. 方式方法多样。 3. 有一定的活动成果。	

五、丰富"原味社团",点燃语文学习兴趣

为了丰富儿童的课余生活,提升学生语文素养,我校成立了丰富多彩的社团,给儿童提供展示自我的空间和交流的舞台,让学生在交流中学习、在活动中提升、在实践中成长。

(一)"原味社团"的实践与操作

我校"原味语文社团"有"翰墨书香""创意读写""实小朗读者""小小演说家""实小主持人"等,引导儿童在社团活动中丰富积累、提升品位、感悟成长。

翰墨书香社团。"翰墨书香"社团是根据校本课程的整体规划,依据儿童实际情况而创设的社团。本社团主要引导儿童关注日常学习中的书写,在书写的过程中陶冶性情,提高审美趣味。"翰墨书香"社团又细分为"硬笔书法""软笔书法""书法作品赏析"三个社团。任课教师根据儿童的年龄特点、书写水平,引导其选择合适的社团。社团固定活动时间、地点,每周一次,以书法练习、书写展示为主,在提高书写水平的同时,加深儿童对书法艺术的了解和热爱。

创意读写社团。"创意读写"社团结合儿童的年龄特点、阅读水平选择合适的

读物,通过阅读扩大知识面,增加阅读量,激发读书兴趣,培养儿童良好的阅读习惯,提升口头、书面表达能力,为他们以后的学习、生活奠定坚实的基础。"创意读写"社团每周活动一次,社团活动时,就共读的书目进行交流、探讨,活动的形式丰富多样,如我喜爱的一本课外书推介活动、今天我是XXX(书中人物)、我和XX过一天等,引导儿童在活动中感受人物魅力,既培养儿童的读书兴趣,又提高其写作能力与文学鉴赏水平。

诵经典社团。"诵经典"社团的开发源于我校的校本课程——国学。"诵经典"社团吸纳那些喜欢传统文化、喜欢朗诵的儿童,以国学教材内容为主,同时扩充一些中外优秀的传统文化,开展"读经典""诵经典""讲经典""演经典"等活动,旨在通过丰富多彩的活动引导儿童爱读中华经典,让书香书声遍布校园,以文化培德育人。

实小演说家社团。"实小演说家"社团给儿童提供了一个展示自我的舞台,在社团活动中,儿童围绕某一主题进行现场创编,可以是与时俱进的一个话题,可以是针对某一人物的介绍,根据当日主题进行即兴演讲,在活动的过程中培养儿童的思考能力、应变能力及语言表达能力。

(二)"原味社团"评价

"原味社团"在丰富校园文化、培养儿童兴趣、发挥儿童特长、拓展儿童素质等方面发挥着越来越重要的作用。

"原味社团"以更大的活动空间、更丰富的活动内容、更灵活的活动方式,深受儿童的喜爱,发挥了重要作用,因此,我校将"原味社团"建设作为培养儿童综合素质的重要途径。随着社团的深入发展,社团活动的日益丰富,社团作用的不断增强,"原味社团"成为我校发展的一个"实验新特色"。"原味社团"评价参照如下(表1-7)。

表1-7 "原味社团"评价表

项目	评价标准	得分	评估方法
社团组织与管理	1. 社团管理体制完善,机构设置合理,实施方案符合儿童实际,课时教案详尽。(10分)		1. 实地查看 2. 材料核实 3. 师生座谈 4. 成果展示 5. 活动巡查
	2. 建立、健全并严格执行社团各项规章制度。(5分)		
	3. 社团成员人数合适,规模适度,成员资料档案齐全。(5分)		

(续表)

项目	评价标准	得分	评估方法
	4. 社团辅导教师认真负责。(10分)		
	5. 儿童社团要突出儿童的主体性和创造性,使儿童在社团活动中自治自理、健康发展。(5分)		
	6. 社团活动空间固定,环境良好,有相应的文化建设。(5分)		
活动组织和开展	1. 定期开展社团活动,组织有序、记录完善。(20分)		
	2. 社团活动内容丰富,形式多样,体现实践性和综合性,有利于培养和锻炼儿童多方面的素质,再现和表现校园文化精神。(10分)		
成果汇报	1. 社团成员或集体活动成果显著。(20分)		
	2. 在梦想嘉年华展出活动中表现突出,对儿童有一定的吸引力。(5分)		
	3. 每个学期至少在公众号或"美篇"上发布5篇信息报道。(5分)		
合计得分:			

总之,"原味语文"秉承让语文学习回归本源的课程理念,构建了系统的课程体系,通过原味课堂、原味课程、原味语文节,原味研学、原味社团五个途径有效实施原味课程,扎实提升了儿童的语文素养。

(撰稿者:黄瑞　王应红　宋文静　张雯　孟丽媛)

第二章
统全性：促儿童体验多元万象

　　走向具身的语文课程在目标上具有统全性，它从时空上整合了学习的主体与客体、理论与经验、显性与隐性等诸多要素，并通过它们的有序交融构筑了完整的目标体系。因此，具身语文课程结合课程标准与核心素养，既在儿童识字与写字、阅读与鉴赏、表达与交流、梳理与探究等方面设置显性课程目标，又在实现语文课程学习过程中的语言运用、文化自信、思维能力、审美创造等方面设置隐性课程目标。

郑州市管城回族区创新街紫荆小学语文教研组,现有教师45人,中小学高级教师2人,中小学一级教师7人。其中省级骨干教师1人,市级骨干教师3人,区级骨干教师7人。这是一支理论扎实、教学经验丰富、勇于学习、勇于创新的团队。全体语文老师以年级为单位开展教学研究,开展听课、评课、磨课活动,定期组织论坛、教师基本功展评,充分发挥团队合作力量,积极参与各级各类教育教学活动。依据教育部《关于深化课程改革,落实立德树人根本任务的意见》以及《义务教育语文课程标准(2022年版)》,研制了我校语文学科课程群建设方案。

第一节　追寻致美馥郁的生命场

一、学科性质观

《义务教育语文课程标准（2022年版）》指出："语文课程是一门学习国家通用语言文字运用的综合性、实践性课程。工具性与人文性的统一，是语文课程的基本特点。语文课程应引导学生热爱国家通用语言文字，在真实的语言运用情境中，通过积极的语言实践，积累语言经验，体会语言文字的特点和运用规律，培养语言文字运用能力；同时，发展思维能力，提升思维品质，形成自觉的审美意识，培养高雅的审美情趣，积淀丰厚的文化底蕴，继承和弘扬中华优秀传统文化、革命文化、社会主义先进文化，增强对习近平新时代中国特色社会主义思想的理解和认识，全面提升核心素养。"[1]

语文课程致力于全体学生核心素养的形成与发展，为学生学好其他课程打下基础；为学生形成正确的世界观、人生观、价值观，形成良好个性和健全人格打下基础；为培养学生求真创新的精神、实践能力和合作交流能力，促进德智体美劳全面发展及学生的终身发展打下基础。

基于以上认识，我们认为，语文课程的核心价值是：要让儿童通过真实的语言运用情景，通过积极的语言实践，在阅读、积累中感受祖国语言文字之美，感悟中华优秀传统文化之美和革命文化之美。助力儿童精神成长，丰富其精神内涵，提升其自身素养，让语文学习扎根于每个儿童的生命。

二、学科课程理念

根据语文学科工具性与人文性统一的基本特点，本课程立足学生核心素养发

---

[1] 中华人民共和国教育部.义务教育语文课程标准（2022年版）[S].北京.北京师范大学出版社. 2022：1.

展以及学校的价值取向,在义务教育阶段的语文课程中,充分发挥语文课程育人功能,构建语文学习任务群,在课程内容整合的基础上,增强语文课程实施的情境性和实践性,从学生的生活实际出发,创设丰富多样的学习情境,设计富有挑战性的学习任务,促使学生自主、合作、探究学习。在语文课程学习过程中培养儿童良好的语感和整体把握的能力,通过语言的锤炼,让美在课堂上、在活动中洋溢,使儿童去追寻美、实践美、创造美,最终实现儿童的全面发展。以此为目标,我们确定我校语文学科课程理念是"致美语文"。

"致美语文"确定儿童的主体地位。课堂是儿童的课堂,学习是儿童的学习,"致美语文"的所有课程设置,要充分体现儿童的主体地位。我们的课堂是民主平等的课堂,要给儿童充分参与的机会;我们的活动以儿童的兴趣为前提,以提升儿童的自主学习能力为目标;我们的评价关注儿童个体的发展,注重儿童自主性和创造性的体现。

"致美语文"构建丰富的学科内容。"致美语文"引导儿童丰富语言积累,培养语感,发展思维,初步掌握学习语文的基本方法,养成良好的学习习惯,具有适应实际生活需要的识字与写字能力、阅读与鉴赏的能力,以及表达与交流、梳理与探究的能力,能正确运用祖国语言文字。让儿童在课堂内外的语言文字学习中,与同伴有想法上的碰撞,和优秀传统文化有思想上的碰撞,让儿童以丰富的生活和趣味横生的阅读为基础,追寻从中透出的点滴"艺术"之美。

"致美语文"倡导多元的学习方式。"致美语文"根据课程标准,以及儿童身心发展和语文学习的特点,倡导语言学习方式灵动、活泼,多种途径、方法、资源共用,通过教师的语言或音像课件等开放的学习方式、课外拓展延伸等途径,进行传统文化、生活语文、想象创新等多方面的学习。

"致美语文"创新探究的有效方法。"致美语文"注重开展丰富多彩的课程和活动,不断创新内容和方式,让儿童在课堂和活动中多思、多练、多讨论、多实践,使儿童受到美的熏陶,能主动进行探究性学习,激发想象力和创造潜能,在实践中学习语文,从而实现儿童语文素养的提升。

"致美语文"呈现缤纷的教育结果。语文教学的最终目的,就是要使儿童获得实际运用语言的能力。"致美语文"课程重在引导儿童在综合语言文字的学习中,有创意地进行表达、交流、沟通、探究,吸取中华优秀传统文化、革命文化、社会主义先进文化的营养,提高自身精神修养,提升语言运用的能力,培养良好的思辨能力,具备审美创造能力,创造美好的学习过程,达到"致美"的结果。

第二节　筑垒自然适宜的智慧场

学校以《义务教育语文课程标准(2022年版)》为依据,结合学校儿童的学习情况和社区资源的开发情况,制定了符合学校校情的学科课程目标。

一、学科课程总体目标

语文课程围绕核心素养,体现课程性质,反映课程理念,确立课程目标。《义务教育语文课程标准(2022年版)》指出:在语文学习过程中,要培养学生爱国主义、集体主义、社会主义思想道德,逐步形成正确的世界观、人生观、价值观。热爱国家通用语言文字,感受语言文字及作品的独特价值,认识中华文化的丰厚博大,汲取智慧,弘扬社会主义先进文化、革命文化、中华优秀传统文化,建立文化自信。关心社会文化生活,积极参与和组织校园、社区等文化活动,发展交流、合作、探究等实践能力,增强社会责任意识。感受多样文化,吸收人类优秀文化的精华。认识和书写常用汉字,学会汉语拼音,能说普通话。主动积累、梳理基本的语言材料和语言经验,逐步形成良好的语感,初步领悟语言文字运用规律。学会使用常用的语文工具书,运用多种媒介学习语文,初步掌握基本的语文学习方法,养成良好的学习习惯。学会运用多种阅读方法,具有独立阅读能力。能阅读日常的书报杂志,初步鉴赏文学作品,能借助工具书阅读浅易文言文。学会倾听与表达,初步学会用口头语言文明地进行人际沟通和社会交往。能根据需要,用书面语言具体明确、文从字顺地表达自己的见闻、体验和想法。积极观察、感知生活,发展联想和想象,激发创造潜能,丰富语言经验,培养语言直觉,提高语言表现力和创造力,提高形象思维能力。乐于探索,勤于思考,初步掌握比较、分析、概括、推理等思维方法,辩证地思考问题,有理有据、负责任地表达自己的观点,养成实事求是、崇尚真知的态度。感受语言文字的美,感悟作品的思想内涵和艺术价值,能结合自己的经验,理解、欣赏和初步评价语言文字作品,丰富自己的情感体验和精神世界。能借助不同媒介表达自己的见闻和感受,学习发现美、表现美和创造美,形成健康的审美情趣。①

简而言之,我校的"致美语文"课程总体目标如下:能用普通话正确、流利、有感情地朗读课文;学会运用多种方法进行阅读并重视内心的情感体验;尊重多样文化,吸收人类优秀文化的精髓,提升自己的文化品位,丰富自身的精神世界;学习观察、思考、表达和创造的方法,在实践中学习和运用语文,能文从字顺地表达自己的见闻、体验和想法。能够在真实的情境中倾听、表达与交流,学会运用口头语言文明地进行人际沟通和社会交往。借助新技术和多种媒体开展跨领域学习,全面提高儿童的语文素养。

二、学科课程年级目标

根据《义务教育语文课程标准(2022年版)》的要求,结合教育部审定义务教育教科书(2017)和《义务教育教科书语文教师教学用书》及我校"致美语文"课程总目标和一至六年级的学情,我们设置了"致美语文"课程年级目标。现在,我们以二年级为例(表2-1)。

表2-1 "致美语文"二年级课程目标

年级	课程目标			
		上学期目标		下学期目标
二年级	第一单元	共同要求: 1. 认识55个生字和4个多音字,会写30个生字,养成良好的写字习惯。积累并运用表示动作的词语。 2. 通过用动词说句子,把阅读中学到的词语与日常生活情境建立联系,并促进和保持儿童的阅读兴趣。 校本要求: 1. 欣赏绘本故事《小男孩和苹果树的故事》,让孩子体会父母对自己的无私付出,学会体谅父母,孝敬父母。	第一单元	共同要求: 1. 认识63个生字和1个多音字,会写34个生字,正确美观地书写生字。结合词句和语言环境,了解字的意思。 2. 正确、流利、有感情地朗读课文,积累好词佳句,体会春天的美好并引导儿童在课外多阅读。 校本要求: 1. 欣赏音乐《森林狂想曲》,培养儿童对大自然的热爱。

---

① 中华人民共和国教育部. 义务教育语文课程标准(2022年版)[S]. 北京:北京师范大学出版社. 2022:6.

(续表)

年级	课程目标			
	上学期目标		下学期目标	
	第二单元	共同要求： 1. 会认49个生字，会写46个生字，引导儿童在不同的语境中识字学词。 2. 正确、流利地朗读课文。体会校园生活的多彩与乐趣。懂得用适当的方式展现和表现自我，懂得为他人服务。 校本要求： 1. 欣赏影视《王二小》，学习王二小英勇无畏的精神。	第二单元	共同要求： 1. 认识54个生字和1个多音字，会写27个生字。能用不同的方法说出词语的意思，理解词语在不同语境中的含义。 2. 正确、流利、有感情地朗读课文，懂得奉献爱心。可以能仿照例子向大家介绍自己的好朋友。 校本要求： 1. 欣赏名曲《爱的奉献》，激发儿童关爱他人的意识，培养儿童的爱心，形成积极的人生态度。
	第三单元	共同要求： 1. 会读会写生字词，积累成语，阅读课文后能说出自己的感受或想法。 2. 借助关键词句理解课文内容，培养儿童书面表达的兴趣，使儿童可以把想说的话用文字表达出来。 校本要求： 1. 欣赏戏曲《花木兰》，感受中华戏曲的魅力。	第三单元	共同要求： 1. 认识69个生字和2个多音字，会写36个生字，区分形声字。会用部首查字法找出汉字的部首。 2. 正确、流利、有感情朗读课文，能按照时间顺序排列节日，了解制作食物的常用方法。激发儿童热爱祖国、热爱祖国文化的情感。 校本要求： 1. 欣赏民间故事《狼来了》，让儿童明白说话做事要实事求是。
	第四单元	共同目标： 1. 认识57个生字，读准多音字，会写38个生字，增强在生活中主动识字的意识。 2. 学习课文的语言表达，联系上下文和生活经验了解词句的意思。 校本要求： 1. 欣赏名曲《感恩的心》，感受歌曲表达的无私付出的情感，逐步培养儿童正确的世界观。	第四单元	共同目标： 1. 认识58个生字和2个多音字，会写34个生字。 2. 正确、流利、有感情地朗读课文，读好对话。积累词语，根据所给提示写句子。 校本要求： 1. 家长讲坛《抗疫的故事》，了解抗疫精神，懂得热爱生命，尊重科学。

(续表)

年级	课程目标	
	上学期目标	下学期目标
第五单元	共同要求： 1. 认识35个生字,读准多音字,会写24个生字。能根据字义猜偏旁,进一步领悟形声字形旁表意的特点。 2. 分角色朗读课文,结合课后习题,感受语言表达的多样性,学习表达并会联系生活实际初步体会课文表达的深刻道理。 校本要求： 1. 欣赏影视《哪吒》,能大胆想象,用积极的语言表达自己的想法,发展儿童感受和理解的能力。	第五单元	共同要求： 1. 认识50个生字和2个多音字,会写25个生字,理解重点词语的意思。 2. 正确、流利、有感情地朗读课文,理解课文内容,能联系生活实际,懂得课文告诉我们的道理。能读背《弟子规》中节选的部分内容,能主动发表意见,会讲故事。 校本要求： 1. 欣赏《梁山伯与祝英台》,感受情节与乐曲的融合,激发对音乐、故事的喜爱之情。
第六单元	共同要求： 1. 认识39个生字,正确美观地书写24个生字,理解相关词语的意思。 2. 正确、流利、有感情地朗读课文,凭借具体的文字和图画的对比,初步理解课文或古诗内容。 校本要求： 1. 欣赏成语故事《惊弓之鸟》,通过故事理解成语的意思。	第六单元	共同要求： 1. 认识52个生字和1个多音字,会写34个生字。引导儿童养成自主识字的习惯,在生活中、阅读时积累词汇。 2. 正确、流利、有感情地朗读课文,感受大自然的神奇和太空的神秘。从儿童的生活经验出发,培养儿童从小关注科学、探索自然奥秘的意识。 校本要求： 1. 欣赏名画《游春图》,感受水天相接、春意盎然的美景,激发儿童对中国传统绘画的喜爱之情。
第七单元	共同要求： 1. 认识48个生字,会写24个生字。掌握汉字的基本笔画和常见的部首。能按笔顺规则写字,注意字体的间架结构。 2. 学习用普通话正确流利地朗读	第七单元	共同要求： 1. 认识61个生字和5个多音字,会写33个生字。引导儿童养成自主识字的好习惯,能在阅读的过程中积累词汇。 2. 正确、流利、有感情地朗读课文,

第二章 统全性:促儿童体验多元万象 41

(续表)

年级	课程目标	
	上学期目标	下学期目标
	课文。认识课文中常出现的标点符号,学讲普通话,能认真听别人讲话。 校本要求: 1. 欣赏音乐《北风吹》,了解出处,让儿童珍惜现在的美好生活。	理解课文的内容,能表达自己的想法,能讲故事、续编故事。读好问句,联系实际理解句子的意思。 校本要求: 1. 欣赏电影《博物馆奇妙夜》,感受旅途的惊奇,尤其是其中中国元素的巧妙设计。
第八单元	共同要求: 1. 认识39个生字,正确美观地书写24个生字,理解相关词语的意思。 2. 凭借具体的语言文字理解课文,通过对寓言故事的学习,可以使得儿童明白其中蕴含的道理。 校本要求: 1. 欣赏名曲《浏阳河》,感受中国传统乐器的魅力,提高审美情趣。	共同要求: 1. 认识43个生字,会写27个生字。引导儿童养成自主识字的习惯,在阅读的过程中积累词汇。 2. 正确、流利、有感情地朗读课文,读好问句;默读课文,不指读。 3. 能按要求仿照课文说话,能根据提示讲故事,能和同学交流自己喜欢的动画片。 校本要求: 1. 欣赏皮影戏《三打白骨精》,感受中华文化艺术的魅力。

  课程建设,目标先行。厘清了"致美语文"课程的总目标和年级目标,内容的选择、策略的实施、评价的取舍,以及课程的发展才有了指引和方向。全校教师上下联动,年级之间互相联系,着眼于学生语文学科核心素养的提升,以学生核心素养的养成和提升进行课程规划,最终实现儿童的全面发展。

第三节 开启缤纷活力的学习场

依据《义务教育语文课程标准(2022年版)》第三部分课程目标和第四部分课程内容,结合我校实际,"致美语文"课程结构打破课内外的界限,实行多学科的人文阅读,促进儿童的个性发展。"致美语文"课程分为基础类课程和拓展类课程。基础类课程保障儿童具备学科基本能力和素养,拓展类课程在于发掘儿童个性和特长的潜力。

一、学科课程结构

依据《义务教育语文课程标准(2022年版)》,语文课程包含识字与写字、阅读与鉴赏、表达与交流、梳理与探究四个板块。[①] 因此,我们的"致美语文"课程设置了"致美书写""致美阅读""致美表达""致美探究"四大类,具体课程结构如下(图2-1)。

图2-1 "致美语文"课程结构图

---

① 中华人民共和国教育部. 义务教育语文课程标准(2022年版)[S]. 北京:北京师范大学出版社,2022:2.

图中,各板块课程如下:

"致美书写"立足于儿童的识字与写字能力。课程主要根据不同孩子的年龄特点,开展"巧识会写""趣味汉字""翰墨飘香""汉字寻根"等活动,通过兴趣激发、活动激励等方式,引导儿童写好字、喜欢汉字、感悟语言文字的文化内涵、提升文化自信。

"致美阅读"立足于儿童的阅读能力。课程主要包括"阅读诵读经典诗文"和"阅读量的积累"两部分内容。通过"童话王国""书香童年""走进名人""阅读经典"等活动,利用好每天的晨诵课和各种诵读活动传承经典;阅读量的积累依靠阅读方法的指导,重点是每个年级故事课对共读书目的推广和阅读深度的检测,提高儿童提取有效信息的能力,为其有效学习服务。

"致美表达"立足于儿童的表达与交流能力。课程主要针对儿童表达与交流能力的训练和提升,通过"能说会道""语妙绝伦""品味生活""景物有情"等活动,锻炼每个儿童个人的表达与交流能力,培养全体儿童会听、会判断、会分析、会表达的能力。注重儿童的情感体验和想象空间,利用多种方式激发儿童表达与交流的热情,使儿童能够准确完整地把自己的意思表达出来。

"致美探究"立足于儿童的梳理与探究能力。课程针对儿童语文素养的提高,语文能力和创新精神的培养,从儿童的学习方法入手,通过"花满枝丫""故乡魅力""人杰地灵""文化遗产"等形式多样的语文实践活动,使儿童获得梳理所学知识的能力,加强儿童的文化积累,并让儿童在探究过程中获得灵感,激发创新意识。

二、学科课程设置

"致美语文"课程设置不仅让儿童感悟、积累、运用语言,更重要的是全面提高儿童的语文素养。因此语文课程在"美写、美读、美言、美文、美行"五个方面进行课程架构,希望能在六年时间里以螺旋上升的态势,全面提高儿童识字写字、阅读思考、表达交流和梳理探究能力。具体如下(表2-2)。

表2-2 "致美语文"课程群拓展课程设置表

年级	内容	致美书写	致美阅读		致美表达	致美探究
一年级	上学期	快乐拼读	《日有所诵》	绘本花园	能说会道	识字达人
	下学期	快乐认读	《日有所诵》	绘读经典	奇语妙言	最美四季
二年级	上学期	巧识会写	《日有所诵》	童话王国	你说我写	草堂笔记
	下学期	趣味汉字	《日有所诵》	书香童年	说清道明	花满枝丫
三年级	上学期	翰墨飘香	《日有所诵》	奇特想象	语妙绝伦	春花秋月
	下学期	挥毫泼墨	《日有所诵》	妙趣横生	舌灿莲花	百卉含英
四年级	上学期	行云流水	《日有所诵》	大千世界	文思泉涌	古文魅力
	下学期	汉字寻根	《日有所诵》	奇妙历险	情之真切	童年剪影
五年级	上学期	触笔生花	《日有所诵》	畅游历史	景物有情	人杰地灵
	下学期	奇妙字串	《日有所诵》	源远流长	名著魅力	文化遗产
六年级	上学期	汉字王国	《日有所诵》	走近名人	品味生活	艺术之美
	下学期	汉字之美	《日有所诵》	悦读经典	畅聊经典	难忘母校

"致美语文"拓展课程的设置,坚持学习空间的多元化,学习时间的立体化,学习层面的普遍化;依据学生的年龄特点、心理发展水平设置科学的、系统的课程类目,让学生在愉悦的环境里、在有趣的课堂上、在老师的用心引领下,提升浓厚的学习兴趣、迸发充沛的儿童活力,让语文学习真正发生。

第四节　创设韵味芬芳的体验场

《义务教育语文课程标准（2022年版）》指出：创设学习情境，教师应利用无时不有、无处不在的语文学习资源与实践机会，引导学生关注家庭生活、校园生活、社会生活等相关经验，增强在各种场合学语文、用语文的意识，建设开放的语文学习空间，激发学生探究问题、解决问题的兴趣和热情，引导学生在多样的日常生活场景和社会实践活动中学习语言文字运用。[①] 基于此，我校从建构"致美课堂"、开发"致美课程"、建设"致美社团"、设计"致美语文节"、立足"致美之旅"、举行"致美赛事"六个方面入手，进行"致美语文"课程的实施与评价。

一、建构"致美课堂"，保障课程有效实施

"致美课堂"是我校"和美教育"哲学思想引领下的"和美课堂"的重要组成部分。"致美课堂"是孩子们成长的沃土，在这样的课堂里，每一位老师和儿童，都能把学习变成一种对美的向往和喜爱，学习的过程是领悟美的过程，也是创造美的过程。

（一）"致美课堂"的内涵与实施

"致美课堂"是一种理想和追求。"致"即"使达到"，"美"即美好。这里的美好是广义的，有师生、生生互动交流的美好，有主动思考、合作探究的美好，有对语言文字领略的美好，也有师生共同成长的美好。"致美语文课堂"就是让儿童在课堂学习的过程中感悟美、品味美、创造美、追求美。依据学校"四促"课堂文化内涵，我们将"致美课堂"的关键词确定为：向美、创美、尚美、融美，最终达到"致美"。具体而言：

教学目标朝向美：教学目标的制定要依据语文课程标准及学段教学目标、符

[①] 中华人民共和国教育部. 义务教育语文课程标准（2022年版）[S]. 北京：北京师范大学出版社. 2022：45.

合儿童心理发展水平,三维整合,要求具体明确,可操作性强。目标的制定也要朝向美好体验、情感的获得,指向儿童进步发展的宗旨,能产生积极的教育意义。

教学过程创造美:教学过程更是体现美的过程。教师能用扎实的基本功,自然地把握课堂,突破重难点,引导儿童品味语言文字的精妙、感悟高尚情操的美好。儿童能积极参与课堂,融入探美之旅,在交流互动、大胆表达中展现美好,抒发美好。

教学效果崇尚美:"致美课堂"的教学效果要达到让美浸润课堂的每一个环节,师生都有美的体验、产生美的向往、创造美的景象。教学体现以生为本、读悟为本,课堂氛围融洽和谐,儿童思维灵动活跃,所得所获可感可知。

学以致用融合美:学语文的目的是让儿童学会用语文。儿童习得的知识技能、获得的感悟体验,能够融合内化,并在实践运用中得到提升,达到美的升华。

在学校课堂文化的引领下,我们"致美"语文课程组深入开展教学方式和学习方式的研讨,为"致美课堂"的实施提供基础保证。通过"骨干教师引领课"和"青年教师成长课",相互学习,取长补短,在反复的磨课评课中,内化"致美课堂"的文化内涵,明确课堂实施方向,学习课堂实施策略,以实现"团队合作、全员提高"。

(二)"致美课堂"的评价

依据学校"和美课堂"评价维度,我们的"致美课堂"在评价细则中应体现"以生为本"的理念,紧扣以"美"贯穿的标准,在课堂评价上要关注儿童的所感、所悟、所得,将关注度和着力点放在儿童的发展上。"致美课堂"应让"向美、创美、尚美、融美"落到实处,具体如下(表2-3)。

表2-3 "致美课堂"评价表

评价维度	评价指标	评 价 要 素	分值	得分
教学目标	向美	1. 教学目标明确,紧扣课程标准,贴合学情。 2. 重难点恰当,关键问题把握准确,要求具体。 3. 指向"美好"的生成,朝向美好体验、情感的获得。	10	

(续表)

评价维度	评价指标	评价要素	分值	得分
教学过程	创美	教师:教态亲切、自然,教学基本功扎实,准确把握课堂,关注全体儿童,能用简洁、丰富的语言引导、评价儿童,指导儿童体会语言文字的美好。	20	
		儿童:情绪饱满,积极参与课堂,会和同伴合作,思维灵动活跃,乐于表达,敢于质疑,课堂氛围融洽。	20	
		环节:主次分明,详略得当,环环相扣,过渡自然,切合预设,关注生成,能体现学习过程的美好。	20	
教学效果	尚美	教学目标达成,课堂效率高,儿童综合能力全面发展,师生共同成长收获;既有美的体验,也有美的创造。	20	
实践运用	融美	儿童能针对问题,联系生活实际和所得知识储备,发表自己的感悟、见解,能在听、说、读、写中有效运用并得到提升,践行语文的美。	10	
总评	致美	课堂整体效果,达到"致美"程度。	100	

二、开发"致美课程",丰富语文课程内涵

为了使儿童热爱学习,养成良好的学习习惯,培养儿童的思维能力和语言技巧能力,学习科学的求知方法,我校开发了丰富多彩的"致美课程",该课程不仅让儿童感悟、积累、运用语言,更重要的是培养儿童的语文情怀和素养。在学校语文课程群"美写、美读、美言、美行"四个子课程的框架下,结合我校实际有计划有步骤地开展。

(一)"致美课程"的开发路径

"致美课程"的开发基于教材。课程的开发是结合国家课程方案中的要求和教材、教参,对课程目标、课程设置、课程实施方法、教学评价等进行解读。

"致美课程"的开发基于学生的学习需要、学习内容和学段特点,注重培养学生的语文素养。在课程开发过程中注重读书、积累和感悟。在课程设置上体现开放性和创新性,关注不同学生的需求,确立适应不同学段学生的课程目标,并开发与之适应的课程资源。在课程实施过程中,教师认真钻研教材,正确理解、把握教材内容,创造性地使用教材;积极开发、利用课程资源,灵活运用多种教学策略和

现代教育技术。课程评价过程能够注重运用多种评价方式,注重评价主题的多元和互动,在评价过程中注重体现"致美课程"的整体性和综合性,全面考查学生的语文素养。

"致美课程"的开发与实际生活紧密联系。我校地理环境优越,所在区域老城区与新城区交融,地铁5号线、2号线交会,北依富有浓郁人文气息的商城遗址。在此基础上,我校开展了有本地特色、有一定影响力和方便实施的地方性"致美课程"。

依托本地资源,我校在低年级段开展"地铁文化墙我知道"活动,了解身边的文化传承;在中年级开展老管城人婚丧嫁娶生活习俗的调查活动,探究习俗背后的文化内涵;高年级段开展身边的博物馆、走进商城遗址的活动,激发学生探究历史的兴趣,感悟古代文化的内涵。

《义务教育语文课程标准(2022年版)》指出:义务教育阶语文课程实施要创设丰富而有意义的学习情境,凸显语文学习的实践性。创设学习情境,教师应利用无时不有、无处不在的语文学习资源与实践机会,引导学生关注家庭生活、校园生活、社会生活等相关经验,增强在各种场合学、用语文的意识,建设开放的语文学习空间,激发学生探究问题、解决问题的兴趣和热情,引导学生在多样的日常生活场景和社会实践活动中学习语言文字运用。[①] 因此,我校的"致美课程"开发注重整合。学科整合课程主要是在我校现有各类学科的共通性和差异性之间选取某一个特点,将其作为对儿童有一定影响力的教学点进行语文学科知识的渗透,从而开展学科整合课程。

具体来说,通过以下几点来实现:

对语文老师进行"STEAM"课程理念的培训,了解学科融合的相关方法、步骤。

在单元学习后布置思维导图作业,将思维可视化,把语文知识与思维逻辑联系起来。

通过手抄报、音乐欣赏的方式,使语文与美术、音乐相融合,使学生的审美意

[①] 中华人民共和国教育部. 义务教育语文课程标准(2022年版)[S]. 北京:北京师范大学出版社. 2022:45.

识螺旋上升。

（二）"致美课程"的评价要求

"致美课程"采用灵活的评价方式，从儿童个性和身心发展的需要出发，结合教师的教学形式、儿童的学习方法等，采用过程性评价和综合性评价（表2-4）。

表2-4 "致美课程"评价表

类型	内容	形式	等级（优良）
目标	能够充分利用课程资源，符合儿童的发展特点，相关内容可操作性强，能够及时调整。	查看方案	
设计	设计独特，方法得当。	教案	
实施	1. 根据教学计划认真执行，并根据实际操作情况及时调整。 2. 课程实施能够满足儿童的阅读需求，重视儿童的阅读能力发展，重视培养儿童主体参与课堂，让儿童获得主动参与的体验。 3. 尊重儿童的个性差异，对儿童进行有针对性的教育。	课堂效果、儿童问卷	
评价	强调参与互动、自评与他评相结合，关注个体差异。	儿童学习成果、评价问卷	
反思	针对教学设计各个环节进行思考，能够形成有效建议，积极完善课程并推进课程发展。	教学反思	

三、建设"致美社团"，丰富儿童的学习体验

语文课程是实践性课程，应着重培养学生的语文实践能力，而培养这种能力的主要途径也应是语文实践。为了实现这一课程理念，我们组建了"致美社团"，目的就是给儿童提供良好的语文实践机会。通过在社团中的实践活动，不仅可以丰富儿童的学习体验，还可以激发儿童更为浓厚的学习祖国语言文字的兴趣。

（一）"致美社团"的实施

语文课程应注重引导儿童多读书、多积累，重视语言文字运用的实践，在实践中领悟文化内涵和语文应用规律。社团组建本着"丰富儿童学习体验"这一目的，

安排有责任感的老师为社团负责人,在儿童自愿报名、社团负责人审查通过的基础上,每个社团招收12人左右,利用每周四下午一个小时的社团活动,以儿童为主体,让儿童在社团活动中体验语文学习的快乐,实现语文素养的有效提升。

"致美社团"主要包含了"我是演说家""翰墨飘香""课本剧小明星""妙笔生花"等社团。通过这些平台,儿童培养了竞争意识、合作精神和坚强的毅力,充分发挥了才能,挖掘了较大潜能,丰富了儿童的学习体验。

演说家社团。"我是演说家"社团旨在锻炼儿童的语言表达能力,秉承"让你的身体与你所说的话保持一致"的理念,通过肢体语言练习,孩子们在社团课堂中学习演讲的技巧;比如向下的手掌意味着权力、力量、支配和肯定;摊开的手掌则是慷慨、共享、开放的象征。通过培养儿童的综合表现力,培养孩子们自信独立的特性,同时感受演讲的乐趣与美。

翰墨社团。"翰墨飘香"社团旨在培养儿童的基本书写能力,并进行良好的书写习惯教育,始终坚持"挥毫一展意气风发凌云志,造就凌美镌刻紫荆学子心"的理念,通过教师讲解、示范指导等教学方法,教给儿童正确的执笔运笔姿势、执笔运笔的调控、书写坐姿和站姿要领,儿童可以从中切身感受中华传统文化的艺术之美。

课本剧社团。"课本剧小明星"社团旨在培养儿童的艺术风采和文化底蕴,本着"让语文融入生活"的理念,通过创设情景,以儿童为主体,倾听童心,使儿童在课本剧中找到不同的自己,让儿童在乐中学、在学中乐,同时培养儿童的语感、语速及语言组织能力,激发儿童学习语言与表演艺术的兴趣,培养儿童艺术修养和善于交流的能力,着重培养儿童当众说话的自信心,体悟生活中的语文之美。

文学社团。"妙笔生花"社团旨在锻炼儿童品味经典和写作的能力,本着"用文字记录生活,以文学浸润心灵"的立场,通过开展经典文学作品鉴赏和感悟交流会、定期举行外出参观文化名人故居等活动提升儿童对经典的深切领悟。定期组织设计精美小报,用孩子们一双双灵巧的小手,汇编成一本本精美的文学作品集,从而实现孩子们的创新之梦。定期开展写作活动,不仅让儿童学习写作知识、锻炼写作技巧、叙写华丽篇章,还努力让孩子们学习掌握评改文章和书写评语的能力。在作文评改活动中,社员们常常充当小评论员,直接上讲台评议小伙伴写的文章。通过创设作文互评平台,成就孩子们的学者之范,体会文学之美。

（二）"致美社团"的评价

"致美社团"的评价同语文课程评价一样，具有检查、诊断、反馈、激励、甄别和选拔等多种功能，目的是完善教学过程。"致美社团"的评价采取定性评价和量化评价相结合的方式，要求全面反映儿童语文学习的状态及水平。评价方法除了纸笔测试以外，还有平时的行为观察与记录、问卷调查、面谈讨论等多种方法，从方案制定到社团活动内容、期末评定等全方位展开。学校为每个社团准备了档案本，期末进行评选，优秀的给予一定物质奖励，具体如下（表2-5）。

表2-5 "致美社团"评价表

评价内容	评价标准	评价方式	权重	得分
社团规划	1. 符合教育客观规律，满足儿童个性发展。	查资料	10%	
	2. 与学校课程哲学相一致，突显语文学科课程特色。		10%	
社团管理	1. 辅导老师及时到岗，组织得力。	查看活动记录	10%	
	2. 管理体系健全，课程点名及时，核实出勤率。		20%	
	3. 每个学期制定进度规划，期末有总结。			
社团实施	1. 紧紧围绕语文学科课程目标，充分贴合儿童实际及个性需求，能够调动儿童积极性。	成员访谈调查问卷	20%	
	2. 教学方法多样化，充分发挥儿童的主观能动性，引导儿童在教师的指导下主动学习、合作探究。			
	3. 能充分反映语文社团特色，与学科学习紧密联系，在儿童中有较强的吸引力。			
社团成效	1. 有效组织活动，期末参加学校优秀社团评比，能有效提升语文素养。	查看活动设计	10%	
	2. 活动有一定的影响力，家长、社会信誉度高。	查看活动设计与反思	20%	
总评		自评、校评	100%	

四、设计"致美语文节"，感受语文学习的快乐

"致美语文节"紧紧围绕语文课程目标的要求，将听、说、读、写四个方面以游戏方式呈现，激发儿童学习语文的热情，提高儿童的语文素养。"致美语文节"通

过丰富多彩的活动、与众不同的形式,培养儿童的读书兴趣,提高其阅读能力和言语实践能力,带动每位儿童享受语文学习的快乐。

(一)"致美语文节"的活动设计

学校每学期以年级为单位,立足本年级实际,每个学期围绕一个主题,开展形式多样的活动。每学期中的"致美语文节",每个年级根据本年级儿童学情,设立不同内容。具体如下(表2-6)。

表2-6 "致美语文节"活动一览表

年级	活动主题	活动内容
一年级	七色花的愿望	设置"识字大王""一字开花""妙语生花""我说你猜"等环节。
二年级	管城寻宝	以管城回族区七个著名建筑为七个关卡,需要将"文庙诵经""商遗寻词""阅城隍""清真寺解签""司母问鼎"等逐个通关找到宝藏。
三年级	在那奇妙的王国里	分为"音乐谷""功夫馆""海豚湾""神奇树屋""汤姆的小屋"五个环节,通关后,根据儿童的不同表现,获得小红花、"很棒"印章、"加油"印章等。
四年级	遨游神话王国	以"古罗马王国""古希腊王国""古中国""古埃及王国"四个环节为主,儿童最终根据自己的表现兑换相应的"心愿卡"。
五年级	夺宝奇兵大探险	设置五个关卡,"'声'入人心,穿越迷雾森林""'记'高一筹,辨别虚实木桩""'语'众不同,采取七彩之花""'读'占鳌头,大战喷火龙""'评'步青云,躲避乱石阵",通关后即可获得属于自己的紫荆宝石。
六年级	五岳文化之旅	以"东岳泰山""西岳华山""南岳衡山""北岳恒山""中岳嵩山"等环节,带领儿童在名川大山中领略其文化之美。

(二)"致美语文节"评价标准

"致美语文节"整体从活动目标、活动过程、活动效果三个方面进行评价,活动目标是导向,活动过程是形式,活动效果是结果。具体如下(表2-7)。

表2-7 "致美语文节"评价表

评价项目	评价标准	评价级别			
		A	B	C	D
活动目标	1. 目标明确,突出儿童主体地位,以促进儿童主动参与和全面发展为宗旨,针对语文学科特点,综合设计活动的结构、程序、方法和手段。 2. 培养儿童学习语文的兴趣,培养儿童基本的语文能力,提高其综合素养。 3. 从儿童实际出发,精心选择、组织活动内容。				
活动过程	1. 节日活动"语文味"十足,有助于语文素养的提高。 2. 读书、感悟、探究、积累、运用等语文实践活动贯穿始终,形式多样、扎实有效,听说读写落实到各个环节,注重基础,提升能力。 3. 儿童能认真参与、互帮互学、各有所得,体验学习的快乐。 4. 儿童能自主阅读、积极思维、质疑探究。 5. 儿童见解有价值、有个性、有创意;拓展、发散思维精彩。				
活动效果	1. 大多数儿童能较轻松地完成学习任务,并伴有满足、成功、喜悦等体验,对后续学习有信心。 2. 每个儿童都有不同程度的收获,不同层次儿童的语文素养都有所提高。				

五、立足"致美之旅",拓宽语文学习渠道

教师除了让儿童感受以教材内容为本的审美内容及形式外,还要遵循儿童的审美规律。"致美之旅"通过组织儿童开展以读书、研讨、演讲、创作等为主题的实践活动,引导他们在活动中发展个性特长,陶冶高尚的情操,拓宽知识面,提高分析和解决问题的能力。由浅入深,由感性到理性,更好地在教学中进行美育渗透,从而提高儿童的审美素质。

(一)"致美之旅"的实践与操作

"致美之旅"是形成自主合作,探究学习方式的重要途径;改变了以课堂为中心,以书本为中心,以教师为中心,以传授、灌输为基本特征的传统教学模式;它重在学科内外的联系,重在学习过程,较好地整合了知识与能力,尤其有利于在实践中培养儿童的观察感受能力、综合表达能力、人际交往能力、搜集信息的能力、组

织策划能力、互助合作能力和团队精神等,为儿童的终身学习和发展打下了坚实而全面的基础,塑造学生完善的人格个性。学生在探究学习的基础上,感受语文无处不在。我们设置了"致美之旅"课程,具体如下(表2-8)。

表2-8 "致美之旅"课程设置

时间	地点	参与人员	课程
1月	文庙、商城遗址	1—6年级儿童	礼仪致美
2月	中原购书中心·回声馆	1—2年级儿童	音画致美
3月	郑州气象馆	1—3年级儿童	节气致美(春)
4月	郑州美术馆	1—6年级儿童	汉字致美
5月	郑州文化院	1—6年级儿童	书写致美
6月	郑州气象馆	1—3年级儿童	节气致美(夏)
7月	郑州市少年宫	1—2年级儿童	音韵致美
8月	黄河游览区	3—6年级儿童	诵读致美
9月	李商隐公园	3—6年级儿童	诗词致美
10月	郑州天文馆	1—3年级儿童	节气致美(秋)
11月	嵩山少林寺	3—6年级儿童	文化致美
12月	郑州天文馆	1—3年级儿童	节气致美(冬)

"致美之旅"课程组会提前一个月将各年级进行研学旅行的方案上报学校,经学校领导批准后分批进行集体、小组、亲子等综合实践活动。

(二)"致美之旅"的评价

语文教学过程既是一个"传道、授业、解惑"的认知过程,又是一个陶冶儿童情操,引导他们去实践美、创造美的过程。语文教学要完成教书育人的任务,就必须重视对儿童的情感教育。语文实践活动就是渗透情感教育的一个恰当的平台。"致美之旅"就是培养儿童的态度和能力,进而让他们增长知识、提高技能;它强调评价的激励性,鼓励儿童发挥自己的个性特长,施展自己的才能。"致美之旅"采用多种方式进行评价,如对书面材料的评价与对儿童的口头报告、活动、展示的评价相结合;教师评价与儿童的自评、互评相结合;小组的评价与组内个人的评价相结合等。"致美之旅"的评价在儿童自我评价的基础上,尽可能采用了集体讨论和交流的方式,将个人和小组的经验及成果展示出来,并鼓励相互之间充分发表意见和评论,具体如下(表2-9)。

表2-9 "致美之旅"评价表

评价项目	评价要点(分值)	评价标准	效果 (优秀、良好、 一般、较差)
目的内容 (20分)	1. 目标明确(5分)	符合培养4种意识、4种能力,发展个性。	
	2. 内容实用(5分)	1. 贴近儿童,丰富儿童的直接经验; 2. 贴近生活,丰富儿童的间接经验。	
	3. 内容综合(5分)	1. 引入多种信息; 2. 运用语文学科知识。	
	4. 深浅适当(5分)	1. 长短适当; 2. 难易适当。	
方式方法 (20分)	1. 组织形式(10分)	1. 走出校园实践感悟; 2. 具体组织形式得当。	
	2. 儿童活动方法(10分)	1. 方法得当; 2. 多法结合。	
活动过程 (20分)	1. 活动要素(10分)	1. 具备基本出行要素; 2. 有机结合,家校配合要素。	
	2. 活动步骤(10分)	1. 活动准备; 2. 活动展开、研究、实践; 3. 活动评价总结。	
活动效果 (40分)	1. 儿童自主性(20分)	儿童在教师指导下自主地思考、设计操作和解决问题。	
	2. 儿童创造性(20分)	1. 思路设计新颖; 2. 方式方法多样; 3. 有一定的活动成果。	

六、举行"致美赛事",树立大语文观

《义务教育语文课程标准(2022年版)》指出:义务教育语文课程实施从学生语文生活实际出发,创设丰富多样的学习情境,设计富有挑战性的学习任务,激发学生的好奇心、想象力、求知欲,促进学生自主、合作、探究学习;引导学生注重积累,勤于思考,乐于实践,勇于探索,养成良好的学习习惯。[①]"致美语文"积极进行有目的有计划的实践与研究,让儿童在比赛中提高语言的运用和表达能力,树立"生活即语文"的大语文观。为此,学校开展了形式多样的"致美赛事"。

(一)"致美赛事"的内容及形式

儿童是学习和发展的主体。"致美赛事"通过听、说、读、写等途径,以班级或年级为单位进行比赛。整个赛事安排有"我是小小书法家""讲革命故事,做爱国少年""书香班级评选""诗歌朗诵展示"4 种比赛。其中,"书写小能手""书香班级评选"在年级内以班为单位进行评选;"故事小达人""诗歌朗诵展示"在校内以年级为单位进行评选。

"我是小小书法家"是为了传承汉字书法文化,也是为了锻炼儿童的书写能力,低年级以书写生字词为主,中高年级以书写古诗、古文为主。

"讲革命故事,做爱国少年"是为了使学生牢记革命精神,从小树立爱国意识,同时提高儿童的口语表达与讲故事能力,提升儿童的综合素养,鼓励儿童以童话剧、皮影戏、手偶剧等新颖的方式表演。

"书香班级评选"以每月必背古诗、阅读作品展示、必读书目、班级图书角布置等内容为主,借此引导儿童"多读书、读好书、好读书",以营造书香浓郁的校园环境。

"诗歌朗诵展示"以《日有所诵》的内容为主,通过比赛,体验诗歌的韵律美,展示儿童朗读的美。

"致美赛事"根据每个年级的课程设置,以"比赛促进交流"为统领,将课本上的知识运用到实际生活中,让知识升华,让儿童做生活的小主人。

[①] 中华人民共和国教育部. 义务教育语文课程标准(2022年版)[S].北京:北京师范大学出版社,2022:3.

(二)"致美赛事"的评价

通过比赛,儿童经历了团队协作、思维碰撞,培养了语文应用意识,让儿童在比赛中感悟、在感悟中提升、在提升中感知语言之美。为了对儿童参与各项赛事进行有效、客观的评价,我们从目标、研学能力态度、比赛成效三方面展开,旨在让儿童感受语文学习的乐趣,培养儿童的大语文观。

评价要求如下:(1)赛事要有详细的方案,提前到教导处进行备案。(2)赛事要坚持安全第一,明确责任人,确保儿童安全。(3)赛事要符合儿童的身心特点、认知能力,注重知识性、科学性和趣味性相结合。(4)赛事要让儿童积极参与,主动与他人进行交流,具有团队合作意识。(5)赛事要以儿童的爱好、需求、个性发展为宗旨,凸显儿童主动探究、合作探究的能力。(6)赛事旨在让儿童拓展视野,丰富知识,参与体验。具体如下(表2-10)。

表2-10 "致美赛事"评价表

评价项目	评价标准	评价级别			
		A	B	C	D
活动目标	1. 目标明确,突出儿童主体地位,以促进儿童主动参与和全面发展为宗旨,针对语文学科特点,综合设计赛事的结构、程序、方法和手段。 2. 培养儿童学习语文的兴趣,培养儿童基本的语文能力,提高综合素养。 3. 从儿童实际出发,精心选择、组织活动内容。				
活动过程	1. 赛事活动"语文味"十足,有助于语文素养的提高。 2. 听、说、读、写等语文实践活动贯穿始终,形式多样,扎实有效,注重基础,提升能力。 3. 儿童能认真参与、互帮互学、各有所得,体验学习的快乐。 4. 儿童能在赛事中自主阅读、积极思维、质疑探究。 5. 儿童的好奇心、求知欲得以激发,并逐步有主动意识和进取精神。				
活动效果	1. 大多数儿童能参与到比赛中,并伴有满足、成功、喜悦等体验,对后续学习有信心。 2. 每个儿童都有不同程度的收获,儿童在赛事中有提高,能够展示自己的精彩,同时也看到对手的精彩。				

总之,语文是一门充满美的魅力学科。在语文教学中,美的语言给人以美的享受;语言美,美在含蓄,美在声情并茂,美在精简凝练,美在丰富情感。语言美对培养儿童的审美兴趣和审美能力,有着重要的作用。我们"致美语文"课程群就是让儿童在平凡中感受到美,使他们自觉地去追求美、践行美、创造美。

(撰稿者:刘丽杰　沙欧　吕艳敏　贡平丽　刘珂　李玲)

第三章
耦合性：在组元交融中启智增慧

  耦合性是具身语文课程的基本特性之一，它要求课程各板块之间建立互相交融的依赖关系。走向具身化的语文课程立足"身心一体"，结合语文学科属性、课程标准、课程目标、儿童特性，设置识字与写字、阅读与鉴赏、表达与交流、梳理与探究等多板块"组元交融"课程。同时课程的设置由浅入深、循序渐进，形成了一套交融的、黏合的、系统的、身心共同参与的语文课程体系，为儿童的成长筑垒根基，让儿童能以最佳的态度与最愉悦的感受启智增慧。

南十里铺小学语文组,现有语文教师32人,其中中小学一级教师10人,河南省骨干教师1人,郑州市骨干教师4人,管城区骨干教师4人。郑州市管城回族区南十里铺小学秉承学校"让美好童年本真绽放"的育人目标,紧扣"雅致语文"的课程理念,学校语文团队开展常态化教研,开展听课、评课等活动,定期邀请专家入校指导,定期开展教师展示课等活动,各位语文教师通力合作,研究使用语文教学模型,使语文课堂生动、有趣,深受儿童喜爱。我们依据教育部《关于深化课程改革,落实立德树人根本任务的意见》《义务教育语文课程标准(2022年版)》等文件精神,结合我校"让美好童年本真绽放"的课程理念,推进语文学科课程建设方案,取得了明显成效。

第一节 让语文学习精彩纷呈

一、学科价值观

《义务教育语文课程标准(2022年版)》指出:"语文课程是一门学习语言文字运用的综合性、实践性课程。工具性与人文性的统一,是语文课程的基本特点。语文课程致力于全体学生核心素养的形成与发展,为学生学好其他课程打下基础;为学生形成正确的世界观、人生观、价值观,形成良好个性和健全人格打下基础;为培养学生求真创新的精神、实践能力和合作交流能力。促进德智体美劳全面发展及学生的终身发展打下基础。"[1]

"义务教育阶段的语文课程,使学生初步学会运用国家通用语言文字进行交流沟通,吸收古今中外优秀文化成果,提高思想文化修养,建立文化自信,德智体美劳得到全面发展。"[2]语文课程对继承和弘扬中华民族优秀文化传统和革命传统,增强民族文化认同感,增强民族凝聚力和创造力,具有不可代替的优势。语文课程的多重功能和奠基作用,决定了它在九年义务教育中的重要地位。

语文课程要以"学生发展"为教学的根本目的,使学生形成良好的道德品格,拥有真、善、美的心灵,让他们尊重真理,富有责任心,健全人格得到发展。让每一个孩子都成为具有高尚情操、开阔思维、人格健全的全面创新型人才。

二、学科课程理念

依据《义务教育语文课程标准(2022年版)》文件精神,结合我校语文学科的实际情况,我们提出以"雅致语文"为核心的语文学科理念。"雅致语文",让国学教

---

[1] 中华人民共和国教育部. 义务教育语文课程标准(2022年版)[S]. 北京:北京师范大学出版社,2022:1.
[2] 中华人民共和国教育部. 义务教育语文课程标准(2022年版)[S]. 北京:北京师范大学出版社,2022:2.

育浸润童心。

"雅致语文"学科理念，具体包含以下五个方面：

一是"雅言"。语文课程应该激发和培养儿童热爱祖国语言的思想感情，引导儿童丰富语言积累，培养语感，发展思维，正确运用祖国语言文字。

二是"雅观"。在语文学习过程中，培养爱国主义、集体主义、社会主义思想道德和健康的审美情趣，发展个性，培养创新精神和合作精神，逐步形成积极的人生态度和正确的世界观、价值观。

三是"雅趣"。语文课程应通过优秀文化的熏陶感染，促进儿童和谐发展，使他们提高思想道德修养和审美情趣，逐步形成良好的个性和健全的人格。

四是"雅文"。能具体、明确、文从字顺地表达自己的见闻、体验和想法。能根据需要，运用常见的表达式写作，发展书面语言运用能力。

五是"雅用"。学会使用常用的语文工具书。初步具备搜集和处理信息的能力，积极尝试运用新技术和多媒体学习语文。

我们认为，只有构建适合儿童的高品质课程，才能促进语文素养的提升，才能让儿童成为儒雅、智慧的少年。

第二节　唤醒雅致成长的潜能

《义务教育语文课程标准(2022年版)》指出：语文课程应引导学生热爱国家通用语言文字，在真实的语言运用情境中，通过积极的语言实践，积累语言经验，培养语言文字的运用能力。语文课程还应引导学生继承和弘扬中华优秀传统文化、革命文化、社会主义先进文化，增强对习近平新时代中国特色社会主义思想的理解和认识，全面提升核心素养。①

语文课程致力于培养儿童的语言文字运用能力，提升儿童综合素养，为学好其他课程打下基础；为儿童形成正确的世界观、人生观、价值观，形成良好的个性和健全的人格打下基础；为儿童的全面发展和终身发展打下基础。

一、学科课程总体目标

《义务教育语文课程标准(2022年版)》指出："语文课程围绕核心素养，体现课程性质，反映课程理念，确立课程目标。"②

"全面提高儿童的核心素养"是我校设置该学科课程的总体目标。围绕着这一目标，我校语文课程目标体系分为：显性课程目标和隐性课程目标。

（一）语文显性课程目标

语文课程是一门学习语言文字运用的综合性、实践性课程，语文学科的课程目标着眼于核心素养的整体提高，这就要求语文的显性课程目标要从识字与写字、阅读与鉴赏、表达与交流、梳理与探究四方面入手。

识字与写字（包括汉语拼音）。《义务教育语文课程标准(2022年版)》指出："认识和书写常用汉字，学会汉语拼音，能说普通话。主动积累、梳理基本的语言

---

① 中华人民共和国教育部. 义务教育语文课程标准(2022年版)[S]. 北京：北京师范大学出版社，2022：1.
② 中华人民共和国教育部. 义务教育语文课程标准(2022年版)[S]. 北京：北京师范大学出版社，2022：4.

材料和语言经验,逐步形成良好的语感,初步领悟语言文字运用规律。"①低段侧重要求儿童掌握汉字的基本笔画和常用的偏旁部首,按照笔顺规则用硬笔写字,注意间架结构,初步感受汉字的形体美。中高段侧重要求儿童对学习汉字有浓厚的兴趣,养成主动识字的习惯;有较强独立识字的能力,写字姿势正确,有良好的书写习惯。语文课程标准要求儿童学会汉语拼音,能说普通话。具体到低年级阶段儿童而言,要求儿童能够读准声母、韵母、声调和整体认读音节,能准确地拼读音节,熟记《汉语拼音字母表》。

阅读与鉴赏。《义务教育语文课程标准(2022年版)》指出:"学会运用多种阅读方法,具有独立阅读的能力。"②低段阅读侧重让孩子喜欢阅读,感受阅读的乐趣,学习默读;能结合上下文和生活实际了解课文中词句的意思,在阅读中积累词语。中段要求孩子学会默读,做到不出声、不指读,学习略读,粗知文章大意;能初步把握文章的主要内容,体会文章表达的思想感情,对课文中不理解的地方提出疑问;简单复述叙事性作品的大意,初步感受作品中生动的形象和优美的语言,与他人交流自己的阅读感受。高段要求默读有一定速度,学习浏览;能联系上下文和自己的积累,推想课文中有关词句的意思,辨别词语的感情色彩,体会其表达效果;在阅读中了解文章的表达顺序,体会作者的思想感情,初步领悟文章的基本表达方法;在交流和讨论中,敢于提出看法,做出自己的判断。

表达与交流。《义务教育语文课程标准(2022年版)》指出:"能根据需要,用书面语言具体明确、文从字顺地表达自己的见闻、体验和想法。"③第一学段能认真听他人讲话,努力了解讲话的主要内容,能简要讲述自己感兴趣的见闻,对写话有兴趣。第二学段能在听人说话时把握主要内容,并能简要转述;能不拘形式地写下自己的见闻、感受和想象。从"写话"到"习作",这是为了降低儿童写作起始阶段的难度,重在培养儿童的写作兴趣和自信心。在写作教学中,应注重培养儿童观察、思考、表达和创造的能力。写作教学应抓住取材、立意、构思、起草、加工等环

---

① 中华人民共和国教育部. 义务教育语文课程标准(2022年版)[S]. 北京:北京师范大学出版社,2022:6.
② 中华人民共和国教育部. 义务教育语文课程标准(2022年版)[S]. 北京:北京师范大学出版社,2022:6.
③ 中华人民共和国教育部. 义务教育语文课程标准(2022年版)[S]. 北京:北京师范大学出版社,2022:6.

节,指导儿童在写作实践中学会写作。重视引导儿童在自我修改和相互修改的过程中提高写作能力。

梳理与探究。《义务教育语文课程标准(2022年版)》指出:"初步掌握比较、分析、概括、推理等思维方法。能借助不同媒介表达自己的见闻和感受。"[1]主要体现为语文知识的综合运用、听说读写能力的整体发展、语文课程与其他课程的沟通、书本学习与生活实践的紧密结合。梳理与探究应强调合作精神,注意培养儿童策划、组织、协调和实施的能力。突出儿童的自主性,重视儿童主动积极的参与精神,主要由儿童自行设计和组织活动,特别注重探索和研究的过程,要加强教师在各环节中的指导作用。梳理与探究学习的设计应开放、多元,提倡与其他课程相结合,开展跨领域学习、跨学科学习,也应以提高儿童语文素养为目的。

(二) 语文隐性课程目标

语文显性目标是学生在语文学习中可直观检测的目标,但是语文学习并不只是知识的学习,还有精神、思维、审美、道德等隐性目标需要达成。

人文素养。人文性是语文课程的基本属性之一。没有人文情怀的语文是没有生命、没有精神的语文。"雅致语文"所提倡的"雅文",正是为了培养儿童的人文情怀,在孩子的内心种下人文素养的种子。

思维品质。《义务教育语文课程标准(2022年版)》总目标中指出:"乐于探索、勤于思考,辩证地思考问题,有理有据、负责任地表达自己的观点,养成实事求是、崇尚真知的态度。"[2]语文教育的发展功能关键是思维品质的发展,而"雅致语文"提倡的重"雅观",则是注重对儿童思维品质进行培养。教师在语文课堂或者各类活动中,要大力发展儿童的思维品质。

审美情趣。语文学习离不开"美"的品味与鉴赏。从识字写字开始,即要求儿童能够感受汉字的形体美。阅读中要求儿童能够初步鉴赏文学作品,品味语言的优美,体会作品的情感。因此,审美情趣也是"雅致语文"课程目标中不可缺少的内容。此外,儿童在鉴赏名家作品的过程中,思想得以陶冶,情感得以熏陶。"雅

---

[1] 中华人民共和国教育部. 义务教育语文课程标准(2022年版)[S]. 北京:北京师范大学出版社,2022:6.
[2] 中华人民共和国教育部. 义务教育语文课程标准(2022年版)[S]. 北京:北京师范大学出版社,2022:6.

致语文"的"雅趣"则积极倡导孩子们认识中华文化的丰厚博大,汲取民族文化智慧,能够关心当代文化生活,尊重多样文化,吸收人类优秀文化的营养,提高文化品位。

道德情操。语文课程为儿童形成正确的世界观、人生观、价值观以及良好个性和健全人格打下基础,为儿童的全面发展和终身发展奠基。在学习语文的过程中,培养儿童爱国主义、集体主义、社会主义思想道德和健康的审美情趣,发展个性,培养创新精神和合作精神,逐步形成积极的人生态度和正确的世界观、价值观。儿童拥有良好的个性和健全的人格,拥有良好的道德情操,正是我们所倡导的"雅致语文"教育的目标:培养"儒雅且充满智慧的和美少年"。

二、学科课程年级目标

根据学科总目标的要求,结合每个年级儿童的认知基础和学情特点,我们将"雅致语文"课程总目标具体细化为各个年级目标,以三年级为例(表3-1)。

表3-1 "雅致语文"三年级目标

年级	课程目标	
	上学期	下学期
三年级	第一单元 1. 阅读时,关注有新鲜感的词语和句子。三篇课文中语句表达非常精妙,学会抓住关键词句理解课文。 2. 口语交际中恰当使用图片和实物,选择别人感兴趣的内容讲清楚。 3. 学习书面表达,体会习作的乐趣。 4. 学会积累好词好句,运用合作探究法给兴趣小组起名字,图文结合学习古诗。 第二单元 1. 利用多种方法理解难懂的词语。学会用查字典、借助注释、联系上下文等多种方法理解词语。 2. 体会作者丰富的想象和独特的感受,并学会在习作中尝试运用想象	第一单元 1. 引导儿童反复诵读,揣摩语言文字在表情达意方面的作用。 2. 了解作者的观察方法,积累优美句段。 3. 通过读写和课外搜集活动,增进对大自然景物的了解,感受大自然景物的美好。 第二单元 1. 引导儿童熟读课文,抓住课文的主要内容。 2. 感悟文章的寓意,学习正确对待事物的方法。 第三单元 1. 联系生活实际,让课本走进生活。 2. 了解中国深厚的传统文化,从而使儿

(续表)

年级	课 程 目 标	
	上学期	下学期
	的手法。 3. 理解、积累四季的成语；注意正确的写字方法。 第三单元 1. 感受童话中生动有趣的形象，通过分角色朗读，感受人物鲜明的形象，体会童话给予我们的启示。 2. 学会讲故事、演故事、编写童话故事。 3. 指导儿童用合作探究法来学习交流童话，学习形声字，学习病句的修改。 4. 诵读并积累格言。 第四单元 1. 引导儿童在学习课文时一边读一边预测，顺着故事情节去猜想，感受阅读的乐趣。 2. 本单元口语交际要抓住讲话的主要内容，听别人讲的时候，礼貌回应。 3. 培养儿童的想象力和创造性思维，学会预测并续编故事。 4. 学习、积累多音字和关于数字的成语，学习提示语的三种用法，理解并积累关于团结的谚语。 第五单元 1. 体会作者是怎样留心观察事物的，引导儿童在学习课文时分析作者观察和描写的方法。 2. 引导儿童把自己观察的印象最深的一种事物或一处场景的特点写出来，语言流畅，内容具体。重点把自己印象最深的事物按一定顺序写具体，写出观察中的新发现。	童受到爱国主义教育，激发儿童热爱祖国传统文化的情感。 第四单元 1. 在熟读课文的基础上，学习作者的观察方法。 2. 学会借助关键句概括一段话的大意，学会用多种形式表达同一个意思，并将这些方法运用到自己的写作之中，提高自己的写作能力。 3. 学会留心观察，发现生活中的有趣现象。 第五单元 1. 通过朗读，走进作者丰富的想象世界，感受文章中构造的神奇画面。 2. 在课文的学习和例文的指导下，发挥自己的想象，创造自己的想象世界。 3. 通过交流讨论，指导儿童丰富语言积累，让儿童接受以诚待人的道德教育，做一个真诚的人。 第六单元 1. 根据课文内容，引导儿童回忆自己生活中高兴的、有趣的事情，再走进课文。 2. 了解课文中描写的童年生活，进而感受课文所表达的情感。 第七单元 1. 充分利用多媒体教学手段，填补儿童观察的缺口，让儿童更真实、直观地欣赏到天地间的美景。 第八单元 1. 认识29个生字，会写25个生字，正确读写生词。 2. 分角色朗读课文，通过不同的语气、神态来体现人物不同的性格特点及内心情感。

(续表)

年级	课程目标	
	上学期	下学期
	第六单元 1. 引导儿童在学习课文时一定要抓住关键句,把握文章的内容。 2. 学会围绕一个意思去写。能体会关键句在文章中的作用,学会在关键句的引领下写作。 3. 学习带有相同偏旁的字,积累 ABB 式词语和古诗《早发白帝城》。 第七单元 1. 感受课文的生动语言,积累喜欢的语句。 2. 引导儿童通过朗读课文,感受语言的优美、生动,积累语言。 3. 本单元口语交际需要儿童借助图片了解身边的小事;学会小组合作,互相交流、评价、总结。 4. 能从多个方面有条理、清楚地表达自己的想法,完成习作内容。 5. 交流摘抄的方法和好处,学习"得"字短语,正确美观地书写带有撇捺的汉字,积累古诗《采莲曲》。 第八单元 1. 学习带着问题默读,理解课文的意思。 2. 学会如何有礼貌地请教别人,正确使用请教的礼貌用语,不清楚的地方及时追问。 3. 引导儿童把自己玩时快乐的心情写下来。 4. 积累带有目字旁的字,辨析近义词,学会分类,积累名言。	3. 借助表格或示意图了解故事的主要内容,会复述故事。 4. 感受故事的趣味性,激发儿童的想象力。 5. 认真倾听,并能自然、大方、清楚地交流和表达。 6. 选取熟悉的动物,抓住它的反向特征,大胆想象编一个童话故事;通过语言、动作、心理活动等细节描写突出故事的趣味性。 7. 通过形旁表意的功能,积累"口"字旁和"言"字旁的生字。 8. 体会修饰语在表情达意方面的作用,并学以致用。 9. 通过标点符号和人称转换,掌握转述的方法并加以运用。

课程建设,目标先行。理清了"雅致语文"课程的总目标和年级目标,内容的选择、策略的实施、评价的取舍才有了指引和方向。

第三节 编织慧智尽美的境际

在国家课程校本化实施基础上,我校语文学科组以"儿童语文素养形成发展"为目标,依托学校、家庭、社会等资源,不断丰富充实学科教学内容,开发、完善"雅致语文"课程群,给孩子提供了多姿多彩的学科课程体系,为儿童终身发展打下基础。

一、学科课程结构

依据《义务教育语文课程标准(2022年版)》、新课程改革的基本要求以及儿童的基本情况,"雅致语文"从识字与写字、阅读与鉴赏、表达与交流、梳理与探究四大领域对儿童提出了要求,"雅致语文"课程的设计思路充分考虑了儿童的学习策略、学习表现、学习态度以及学习能力等多个方面。"雅致语文"课程具体分为"雅致识字""雅致阅读""雅致表达""雅致探究"等模块(图3-1)。

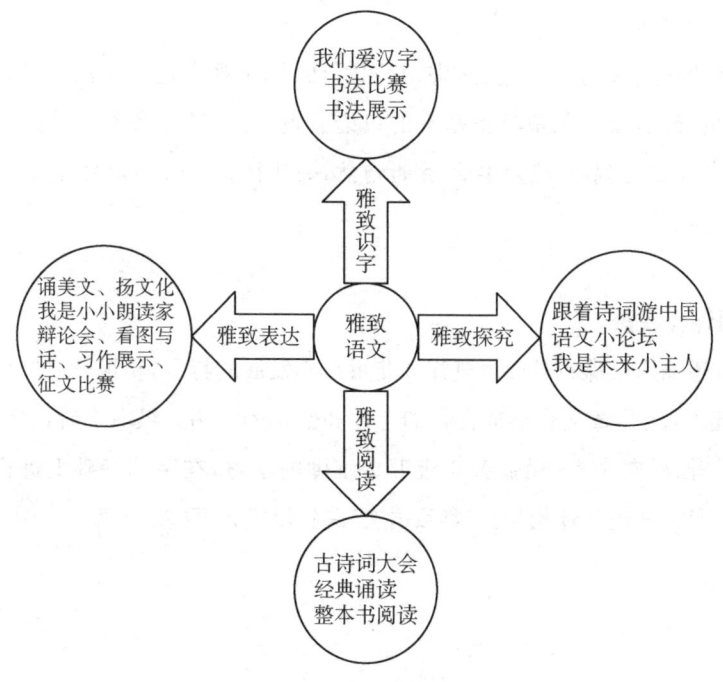

图3-1 "雅致语文"课程结构图

图中,各板块课程具体表述如下：

雅致识字内容具体是小学各阶段需要掌握的生字。我们以"注重儿童识字的兴趣、提高儿童识字量"为标准,引导儿童规范、端正、整洁地书写汉字,为儿童有效阅读提供保证。关注儿童在识字写字过程中的体会和认识,帮助儿童感受到汉字的文化魅力。

雅致探究内容为校内外的各种语文实践活动。通过组织研学等实践活动,促进儿童听、说、读、写能力的整体发展,加强语文课程与其他课程的融合,紧密结合书本学习与综合实践,培养儿童策划、组织、协调实施等能力。通过不同形式的实践活动,促使儿童认识中华传统文化蕴含的思想和内涵,提升儿童自身的中华优秀传统文化修养。

雅致阅读内容为课本内容和课外读本。通过"整本书阅读"等活动,培养每个儿童对文章的内容形成自己的见解,能提出自己的看法,并能运用合作的方式,共同探讨、分析、解决疑难问题,初步领悟作品的内涵,从中获得对自然、社会、人生的有益启示。古诗文是中华民族智慧的重要载体,通过开展"古诗词大会""经典诵读"等活动,为儿童提供一个了解中国传统文化、继承民族智慧的平台,增强儿童的民族自豪感。

雅致表达内容为辩论会、演讲、看图写话、征文等表达与交流活动。通过师生、生生的交流,培养儿童具备基本的口语表达能力；通过各类文体的写作与修改,引导儿童留心观察,热爱生活,亲近自然,关注社会。鼓励儿童有真情实感、有创意地表达。

二、学科课程设置

学校遵循语文课程的教育规律和儿童身心发展的特点,积极开展"雅致语文"课程群建设,使儿童逐步形成良好的个性和健全的人格。纵向来看,由浅及深体现螺旋上升；横向来看,涵盖各年级五个维度的学习,在字词基础上进行听、说、读、写的训练,体现环环相扣。"雅致语文"课程设置如下(表3-2)。

表3-2 "雅致语文"课程设置表

年级	学期	雅致识字	雅致阅读	雅致表达	雅致探究
一年级	上学期	看图写字	经典故事绘本	我说你做	我有一双巧巧手
	下学期	象形识字	经典故事阅读	请你帮个忙	改造小能手
二年级	上学期	汉字演变	诗韵飘香	有趣的动物	家乡之美
	下学期	字理识字	童话故事会	我家有什么	诗词中的中国
三年级	上学期	汉字奇观	阅读传统	我的课余生活	种子的萌发
	下学期	有趣的形近字	神话故事会	小小辩论家	神奇的自然界
四年级	上学期	形声字我能行	书中的风土人情	我的好朋友	奇妙的太空
	下学期	会意字知多少	历史名人我来讲	时间多宝贵	有趣的地球
五年级	上学期	奇妙的汉字	我了解的作家	民间故事会	自然与科技
	下学期	我们爱汉字	"杂书"小阅读	制定文明公约	科技真神奇
六年级	上学期	分类识字总结	品读四大名著	"言外之意"	昨天今天与明天
	下学期	汉字拓展延伸	文言阅读	二十年后的我	我能做什么

合理的课程结构,丰富的课程内容,不仅充裕了儿童的学习生活,也让儿童在乐中学,在学中乐。不同年级的课程内容,既符合儿童的身心发展特点,又提高了儿童的语文素养,为我们打造儒雅、智慧的少年奠定了基础。

第四节　搭建舞台促生命成长

根据语文学科特点,依据《义务教育语文课程标准(2022年版)》文件精神,结合语文学科学习的实际情况,我们从五个方面设计雅致语文课程的实施与评价,即落实"雅致课堂",打造"雅致社团",创设"雅致语文节",实施"雅致阅读",设计"雅致之旅",以丰富儿童内心的语文世界。

一、落实"雅致课堂",打牢语文学习基础

"雅致课堂"是纯粹的学习过程,课堂重视情境创设,让儿童入情入境,体悟情境之意。课堂去繁从简,讲究务实、求真,是儿童学习的缩影。

(一)"雅致课堂"的特点与操作

入情。体验语文的生命温度,"雅致课堂"的灵魂就在"情"字上。文字的背后一定承载着人的思想情感。语言文字是有温度的,是有脉搏的,是有心跳的。这温度、脉搏和心跳就是语言文字本身所存,所存的是人的感情、人的真情、人的挚情。所以"雅致课堂"需要入情——这个"情",可以是一种情绪表现,可以是一种情感状态,也可以是一种情怀气象。因此"雅致课堂"千方百计地让儿童能够触动情感,甚至能够让自己的真情喷涌而出。

入境。儿童是语文学习的主人。"雅致课堂"激发儿童的学习兴趣,注重培养儿童自主学习的意识和习惯,为儿童创设良好的自主学习情境,尊重儿童的个体差异,鼓励儿童选择适合自己的学习方式。开启儿童智慧之光,塑造充满生机活力的现代课堂教学。语文课堂教学要焕发生命活力,就要让儿童"动起来",这样的"雅致课堂"才能真正成为儿童自主活动和探索的天地。

温度。"雅致课堂"给予儿童的是从语言到心灵的滋润。儿童在语文学习中静静阅读、独立思考、真情对话、智慧表达,远比表面热热闹闹的课堂更能让人感受到一种温度的力量,一种因自然产生的思维碰撞、情感交流而呈现出的生命意义上的动感和热感。这种温度源于教学的深度,更源于教师"儿童本位"的课堂教

学观,也就是对儿童主体地位的真正尊重。

有效。"雅致课堂"的教与学是一种和谐状态,不是"一言堂"的教学,也不是"散养式"的教学,而是一种建立在教师认真进行教学预设,儿童积极参与学习基础上的教学,是一种有效的课堂,教与学达到了一种和谐的统一,教师睿智引领儿童,儿童愉悦进入学习,实现"教"得有效、"学"得有效。

"雅致课堂"是注重表达儿童情感的课堂,是有温度的课堂。新课程背景下,语文学习要注重工具性和人文性的统一。"雅致课堂"是素质教育的一个重要体现。儿童在"雅致课堂"中表达情感、整合语文知识、了解语文体系,有利于促进个性发展、能力提升,为儿童热爱语言文字、培养良好的语文学习习惯、运用语文知识,打下坚实的基础。

"雅致课堂"创设雅致文化氛围。雅致文化充盈于课堂之内,渗透于师生之间,是课堂的重要养分。雅致文化氛围是一种润物无声的教育智慧,充满了对生命的点化、润泽与关怀,雅致的文化氛围是一份恰如其分的课堂和谐,体现了对教育的尊重、理解与情怀。

"雅致课堂"采用教与学和谐统一的教学方法。叶圣陶先生说过:"教学有法,教无定法,贵在得法。"教学是教师创造性的传递,不能用一种方法限制其成长;学习是儿童个性化的体验,不能用一种思维僵化其发展。"雅致课堂"教与学和谐统一的教学方法不仅体现了教师教学的智慧和创造,而且体现了儿童学习的探索和创新。

(二)"雅致课堂"的评价标准

根据"雅致课堂"的核心理念,以雅致文化为中心,学校从目标切实、方法多样、以雅致文化为中心三方面,制定"雅致课堂"评价标准,促进教师专业发展,引领课堂发展方向(表3-3)。

表3-3 "雅致课堂"评价表

评价项目	评 价 内 容	得分
目标切实 (25分)	学习目标要形成清晰的任务单,符合儿童的实际情况,可操作性强。	

(续表)

评价项目	评 价 内 容	得分
方法多样 （25分）	能根据学习内容,帮助儿童选择恰当的学习方式,并体现学习方式的灵活性、多样化。	
以雅致文化为中心（50分）	以雅致文化为课堂中心,丰富课堂内容,调动儿童情感。提供机会让儿童主动地表达情感,以情带人,由情入境,真实体验文化背后的情感。	
综合评价		

二、打造"雅致社团",发展儿童语文学习兴趣

"雅致社团"是以主题形式开展的社团。我校语文学科以创办语文社团为途径,满足儿童个人发展需求,彰显国学特色,培养有学识有涵养的儿童。

（一）"雅致社团"的创建与实施

在现有的语文师资力量基础上,我们将陆续开设国学经典诵读社、童诗创作社、春笋文学社等,让儿童在活动中不断受到国学的熏陶,文学素养得到不断提高。

"雅致社团"的实施方法：通过人员固定,定目标,定计划,定内容,定老师,定活动时间、地点等方式,充分利用学校内的教室资源,灵活选用活动地点开展雅致社团活动。

（二）"雅致社团"活动评价

雅致社团采用灵活的评价方式。从儿童个性和身心发展的需要出发,结合教师的教学、儿童的学习方法等,采用过程性评价和综合性评价(表3-4)。

表3-4 "雅致社团"评价表

评价项目	评 价 要 点	自评	互评	师评
参与态度	1. 按时认真参加每一次活动。			
	2. 努力完成自己承担的任务。			
	3. 主动提出自己的设想。			
	4. 做好资料积累和处理工作。			
	5. 乐于合作交流,尊重他人。			

(续表)

评价项目	评 价 要 点	自评	互评	师评
获得体验	1. 有一定的责任心。 2. 有求知的好奇心、探索的欲望。 3. 不怕吃苦、勇于克服困难。 4. 能对自己进行"反思"。 5. 尊重他人想法与成果。			
学会学习	1. 能从多种途径获取信息。 2. 能运用已有知识解决问题。			
能力发展	1. 独立思考、自主学习,主动发现问题,提出问题,寻求解决问题的方法。 2. 乐于研究,勤于动手。 3. 发挥个性特长,施展才能。			
学习成果	通过实践操作、作品鉴定、竞赛、评比、汇报演出等形式展示。			
成绩总评	评价采用等级制,分为 A、B、C、D			

三、创设"雅致语文节",浓郁语文学习氛围

"雅致语文节"即展现孩子学习经历的学科活动,将基于语文核心素养的评价与语文竞技游戏相结合,将语文学科知识与儿童学习技能相结合,通过别样的活动形式,使儿童充分感受语文学科的魅力,唤醒儿童自主学习意识,让核心素养在儿童心中根植、生长,让语文学习向更深、更广处漫溯。

(一)"雅致语文节"的实施要点

我校围绕"雅致语文"课程的内涵,设立了丰富多彩的"雅致语文节",如"读书节""品味汉字文化节""诵读经典诗歌节""诗词大会""寻访商城古城——寻找古文化节""传承文化经典节"等。通过丰富多彩的"雅致语文节",拓宽语文的学习途径,创新语文课程的实施方式,激发儿童的语文学习兴趣,丰富儿童的语文学习经历(表3-5)。

表3-5 "雅致语文节"课程设置表

课程名称	课程目标	课程内容
读书节	通过读书节课程,让儿童爱上阅读、喜欢阅读,养成读书的好习惯。	阅读分享会、讲故事比赛、课本剧展演。
品味汉字文化节	通过"品味汉字文化节",使儿童更加了解我国的汉字,了解汉字的渊源以及演变。	汉字大赛、我来讲汉字、书法大赛。
诵读经典诗歌节	通过对革命诗歌的朗读,培养儿童热爱祖国、珍惜现在幸福生活的情感。在革命诗歌中寻找自己心目中的"榜样",形成积极乐观、不惧艰险的生活态度。	诵读革命诗歌,将诗歌以话剧的形式演绎出来。
趣味小古文节	通过儿童与儿童面对面交流,培养孩子学会倾听、表达和交流,提高孩子分析、运用语言文字的综合能力。	新闻播报,谈谈身边趣闻。
寻访商城古城——寻找古文化节	通过实地研学考察,让儿童身临其境,见证文化,梳理感受,深刻体会中国古文化强大的历史、艺术和科学价值。	把研学中所看、所想、所悟通过自己喜欢的方式记录下来。
传承文化经典节	通过共度传统节日,培养儿童热爱家乡、热爱祖国的情感。通过传统节日课程,使儿童懂得感恩,激发儿童热爱生活、热爱祖国的情感。	在传统节日开展节目展演、讲风俗等活动。

(二)"雅致语文节"的评价

"雅致语文节"要规范化、科学化,构建适合儿童年龄特征的评价体系,这样才能保证课程高效的开展,从而真正促进儿童的发展。老师和学生代表组成评价小组,从四个方面对各个活动小组进行评价(表3-6)。

表3-6 "雅致语文节"评价表

小组人员		评价教师	
节日		班级	
评价内容	评价标准		评价
活动内容 30分	难易适度,符合儿童的年龄特征。		
	有趣味性,提高儿童的兴趣。		
	有神秘性,激发儿童的好奇心。		
	贴合生活实际,提高儿童解决问题的实践能力。		

(续表)

评价内容	评价标准	评价
活动形式 20分	形式生动活泼,把儿童引入求知的活动中。	
	班班结合,语文知识与社交能力共同增长。	
	家校结合,多方面开发资源。	
	参与到社会生活活动中,提升多方面能力。	
活动过程 30分	儿童参与积极,能充分发挥主体作用。	
	各种能力增长循序渐进。	
	教师管理有方,儿童活动有序。	
活动效果 20分	儿童兴趣得到培养,个性特长得到发展。	
	拓展了儿童的思维空间,培养了儿童的创新意识。	
综合评价		
精彩之处:	问题及建议:	

四、实施"雅致阅读",丰富语文学习内容

《义务教育语文课程标准(2022年版)》指出:"借助多种方式分享阅读心得,交流研讨阅读中的问题,积累整本书阅读经验,养成良好阅读习惯,提高整体认知能力,丰富精神世界。"[①]作为"雅致语文"的重要组成部分,学校全面启动"雅致阅读"活动。

(一)"雅致阅读"的实施

确定书目,自主阅读。学校根据课标要求确定共读书目,利用午间进行自主阅读,开展交流与分享,形式自主选择,灵活多样,以激发儿童共同学习、共同进步。

一年级推荐阅读书目:《逃家小兔》《猜猜我有多爱你》《爷爷一定有办法》。

二年级推荐阅读书目:《小鲤鱼跳龙门》《一只想飞的猫》《"歪脑袋"木头桩》。

三年级推荐阅读书目:《伊索寓言》《克雷洛夫寓言》《夏洛的网》。

四年级推荐阅读书目:《中国神话传说》《世界经典神话与传说故事》《十万个

---

① 中华人民共和国教育部. 义务教育语文课程标准(2022年版)[S]. 北京:北京师范大学出版社,2022:32.

为什么》。

五年级推荐阅读书目:《民间故事》《西游记》《水浒传》。

六年级推荐阅读书目:《童年》《爱的教育》《鲁宾逊漂流记》。

开设课程,实施导读。学校在严格执行国家课程设置的基础上,安排的一周一节的阅读指导课,是孩子学习阅读方法的最佳时间;每周两节的校本阅读课,是学校共读的时间;每周两节的晨诵课和国学诵读课,为在校师生共读提供了时间保障。此外,班级读书会、学校读书节和古诗词大会,从校内延伸到校外,从孩子延伸到了家长。

(二)"雅致阅读"活动评价

活动记录。班级语文老师和阅读小组长组织进行阅读活动,活动记录表内容如下(表3-7)。

表3-7 "雅致阅读"活动记录表

年级		形式	
时间		地点	
参与人员		记录人	
活动过程			

展示评比。定期展示,创造性开展阅读评比活动,充分发挥评比的激励作用。

"阅读采蜜集"评选。以班级为单位,每月每班评选出5篇优秀的阅读笔记,全校展示(表3-8)。

表3-8 "雅致阅读"阅读采蜜集评价表

项目	分值	标　准	得分
笔记本	10	笔记本干净整洁,不卷角。	
书写	15	书写工整,标点正确,没有错别字。	
数量	15	数量达标。	
字数	10	每篇不少于100字。	
内容	25	包括生字好词、名言警句、诗词、精彩片段等,形式多样。	

(续表)

项目	分值	标　准	得分
表达	25	清晰具体地表达自己的阅读感受。	

"阅读手抄报"评选。以班级为单位,每月每班评选出优秀的"阅读手抄报",全校展示(表3-9)。

表3-9　"雅致阅读"阅读手抄报评价表

项目	分值	标　准	得分
主题	15	题目鲜明,突出主题。	
设计	15	布局合理,美观大方,色彩搭配恰当。	
书写	10	工整端正,字体多样有变化。	
内容	30	充实健康,积极向上,和主题有紧密联系,富有感染力和号召力。	
插图	15	插图鲜明活泼,搭配恰当,不超过版面的三分之一。	
创意	15	有创意,有新意,思维独特,富有吸引力。	

"雅致阅读"有效构建儿童课外阅读体系,引导儿童博览群书,增长见识,全面提高儿童语文综合素养,让他们发挥潜能,在语言积累、感悟和运用的同时,提高自己的欣赏品位,为口头表达和写作做好准备,打好基础。

五、设计"雅致之旅",做好语文研学活动

(一)"雅致之旅"内容与实施

中国的文化与山水从来都是一体的。我国地大物博,历史悠久,孕育了很多有文化底蕴的城市。每个城市都有各自的文化、美食、历史等。古往今来,中华大地上的多少美景因诗词而出名,又有多少诗词因美景而广为流传。因此学校研发了"跟着诗词游中国"的研学课程,以年级为单位进行序列化的实施。儿童在旅行中了解各个城市的诗词文化,传承发扬诗词文化。具体"雅致之旅"活动安排如下(表3-10)。

表 3-10 "雅致之旅"课程设置表

实施年级	课程内容	课 程 目 标	实施方法
一年级	开封	1. 开阔儿童的视野,丰富儿童的课外生活,增加儿童对开封文化的认知。 2. 让儿童认识到开封深厚的历史文化底蕴,发扬我国优良传统。 3. 了解七朝古都都有哪几个朝代。 4. 了解汴京八景都有哪些,位于开封什么地方。	研学旅行
二年级	洛阳	1. 开阔儿童的视野,丰富儿童的课外生活,增加儿童对洛阳文化的认知。 2. 参观洛阳博物馆,探索镇馆之宝,了解洛阳城千年盛衰荣辱史。 3. 走进伟大发明——活字印刷和造纸术,亲手实践古代工艺,传承先贤智慧。 4. 了解经典民间艺术知识,学习剪纸,传承非遗。 5. 研学龙门石窟,了解佛教造像技艺,探究文化输出与文化输入。 6. 明堂天堂,看一代女皇的盛世天下,试论其功过。 7. 在民俗博物馆了解河洛人民"洛阳古多士,民俗犹而雅"的民俗特色。 8. 通过了解文物修复知识,亲手参与修复过程,学习匠人精神,提升儿童文明意识。 9. 通过了解和动手实践制作自己的唐三彩,提升民族自豪感和文化自信。	研学旅行
三年级	西安	1. 开阔儿童的视野,丰富儿童的课外生活,增加儿童对西安文化的认知。 2. 通过诗词的赏析,结合诗词原创地的讲解,了解关于西安诗词文化的历史典故,激发儿童对传统诗词的兴趣与热爱。 3. 欣赏民间艺人表演,学习非物质文化遗产表演,并动手制作剪纸,感受与体验古代文化魅力。 4. 参观历史博物馆,聆听专业讲解,了解五千年文明魅力。 5. 古城墙上骑自行车环游,感受别样古都文化,提升环保理念,植入绿色出行理念。	研学旅行

(续表)

实施年级	课程内容	课程目标	实施方法
四年级	南京	1. 六朝古都，十里秦淮。到南京中国科举博物馆，了解在江南贡院参加过科举考试的历代名人轶事。 2. "藕花深处田田叶，叶上初生并蒂莲。"早在南朝就有记载玄武湖二莲同干。让孩子带上诗，参观水生花卉科普园，来一场玄武湖生态探秘之旅。 3. "开笔礼""成童礼""编钟礼乐，《诗经》吟唱""君子养成记"都是大成殿为弘扬传统文化而精心打造出来的亲子研学旅游产品。通过对于礼乐的学习和践行，来体会礼乐背后的仁心和文明。 4. 去到有"地学教科书"之称的栖霞山，认识各类地质奇观。 5. 带领孩子们参观静海寺，了解郑和下西洋的过程，遥想当年郑和是怎样满怀壮志从这里起航驶向汪洋大海。	研学旅行
五年级	石家庄	1. 了解石家庄的著名景点。 2. 尝试制作或绘画石家庄的美食、手工作品。 3. 收集整理石家庄相关的历史故事、革命故事等。 4. 查找石家庄当地的著名人物及事件。	研学旅行
六年级	北京	1. 走进故宫博物院，学习宫廷文化，传习中国传统文化博大精深的底蕴。 2. 邂逅颐和园的辉煌与残破、恢宏与小巧，感受南北造园艺术之大成。 3. 走进古代中央最高等级学府——国子监。了解孔子如何从普通人成为一代圣贤。 4. 攀登明长城，领略祖国大好河山。	研学旅行

（二）"雅致之旅"的课程评价

"雅致之旅"旨在通过研学旅行，让孩子在另一个课堂体会文化的悠久，从而懂得敬畏历史，传承传统文化的精髓。读书和游历是两种互相补充的学习方式，而在游中学的方式，能更直观地让学习者拓宽眼界视野、扩展知识储备、感受文化差异，是素质教育的重要组成部分，对儿童综合素质的提升具有重要意义。因此，准确有效地评价"雅致之旅"的效果至关重要（表3-11）。

表 3-11 "雅致之旅"评价表

评价项目	评价标准	评价成绩
过程评价 (60分)	游学前有详细的计划。(10分)	
	游学主题、内容、形式有创新。(10分)	
	游学活动组织井然有序,学习氛围浓厚。(10分)	
	游学过程记录详实。(5分)	
	游学活动照片保存完整。(5分)	
	教师的指导张弛有度,有针对性。(10分)	
	每次活动结束后都有相应的总结、反馈、评价。(10分)	
成果展示 (40分)	展示形式丰富新颖。(10分)	
	内容符合游学特点、全面完整。(10分)	
	活动小组分工合作有序。(10分)	
	有借鉴价值的经验与反思。(10分)	

总之,"雅致语文"课程关注儿童语文学科思维素养的养成和语文学习方法的获得,是我们立足和本教育理念下对语文教学的追求。"雅致语文"倡导让国学教育浸润童心。我们通过"雅言、雅观、雅趣、雅文、雅用"五个方面让童声、童心、童趣在教师的唤醒、激励和鼓舞中真实体现,力求形成生机有趣、返璞归真、高效灵动、自主创新的教学特色,培养儿童成为儒雅、智慧的少年。

(撰稿者:黄五一　宋敏敏　张冰凌　蔡秋燕　张丽霞　曹伟丽)

第四章
灵智性：让语言习得充满跃动感

　　走向具身化的语文课程内容要灵活多样、启发智慧，具有灵智性。灵智的课程内容，既包含听、说、读、写等基础知识，又有提升思维的实践活动、项目学习活动、多学科统整课程等跃动多彩的语文课程内容；既主张教学内容新颖灵动，又考虑儿童活泼好动的特性，并从这两个方面来规划，为儿童创设一个灵动的体验场。具身语文课堂的灵智性，注重构建"身体在场"的灵动成长空间；重视儿童在学习中收获知识、体验美好、关怀生命；助力儿童在创造中放飞思想、张扬特性、发展能力。

郑州市管城回族区第二实验小学语文组，现有教师46名，其中本科44人，专科2人，中小学高级教师5人，中小学一级教师4人，河南省骨干教师2人，郑州市骨干教师2人，郑州市教育局学术技术带头人1人，管城区专业技术拔尖人才2人，管城区名师1人。我们依据教育部《关于深化课程改革，落实立德树人根本任务的意见》的文件精神和《义务教育语文课程标准（2022年版）》，推进我校语文学科课程群建设方案，取得了显著成效。

第一节　探索合宜的生长空间

一、学科性质

《义务教育语文课程标准(2022年版)》指出:"语文课程是一门学习国家通用语言文字运用的综合性、实践性课程。工具性与人文性的统一,是语文课程的基本特点。语文课程应引导学生热爱国家通用语言文字,在真实的语言运用情境中,通过积极的语言实践,积累语言经验,体会语言文字的特点和运用规律,培养语言文字运用能力;同时,发展思维能力,提升思维品质,形成自觉的审美意识,培养高雅的审美情趣,积淀丰厚的文化底蕴,继承和弘扬中华优秀传统文化、革命文化、社会主义先进文化,增强对习近平新时代中国特色社会主义思想的理解和认识,全面提升核心素养。"①

学生的语文素养具有综合性、生成性、体验性、时代性的特征,是学生语文能力、语文积累、语文知识、学习方法、学习态度、学习习惯,以及认识能力和人文素养等方面的综合体现。《义务教育语文课程标准(2022年版)》指出:"义务教育语文课程培养的核心素养,是学生在积极的语文实践活动中积累、建构并在真实的语言运用情境中表现出来的,是文化自信和语言运用、思维能力、审美创造的综合体现。"②这是学生学好其他课程的基础,直接关系到学生与社会沟通和交流的程度,也是学生全面发展和终身发展的基础。基于课程标准的指向,学校语文教研组认为,义务教育阶段的语文教学既要让学生在教师的指导下积累、梳理、阅读、表达、交流,感受文字的珠玑之美,还要通过博览群书,继承和弘扬中华优秀传统文化、革命文化、社会主义先进文化,丰富自己的情感体验和精神世界,因此,学校

---

① 中华人民共和国教育部.义务教育语文课程标准(2022年版)[S].北京:北京师范大学出版社,2022:1.
② 中华人民共和国教育部.义务教育语文课程标准(2022年版)[S].北京:北京师范大学出版社,2022:4.

语文学科教学应该让儿童在教师的引领下不断提升自身素质,丰富精神内涵。

二、学科课程理念

《义务教育语文课程标准(2022年版)》指出:"核心素养是学生通过课程学习逐步形成的正确价值观、必备品格和关键能力,是课程育人价值的集中体现。义务教育语文课程培养的核心素养,是学生在积极的语文实践活动中积累、建构并在真实的语言运用情境中表现出来的,是文化自信和语言运用、思维能力、审美创造的综合体现。"[1]

依据《义务教育语文课程标准(2022年版)》的要求,结合我校办学理念、语文学科实际情况,语文组教师反复研讨,提出了我校"博雅语文"课程理念。我们认为儿童的语文学习是以语言文字为工具,把所学知识和广阔文学内容融合生成文学思维,促进情感的丰富、内心的充盈、精神的升华,以满足自身成长的需要。语文课程的学习是为了让儿童摆脱庸俗,唤醒卓越,使其获得广博的知识和优雅的气质。

"博雅语文"是儿童的语文。"博雅语文"充分发挥儿童的主体地位,以儿童的兴趣爱好为出发点,给予儿童正面评价,让儿童在课堂上充分发挥主观能动性,获得自主学习、自主阅读、自主评价的机会,激发儿童的阅读兴趣,引导儿童发现语文的魅力。

"博雅语文"是多彩的语文。"博雅语文"立足于听、说、读、写四大领域,引导学生在大量的童书阅读中体会、把握、运用文字,让学生在广阔的语文世界中体验丰富的情感。"博雅语文"积极探索课堂改革模式,努力建设内容广博丰富的语文课程,提升学生的语文核心素养。"博雅语文"以"海量阅读"为途径,学生在教师的指导下读绘本、品童诗、学古文、观影视、品名曲、赏名画……在课堂中感受文字美、艺术美,进而能够在课程中发现美、创造美。

"博雅语文"是发展的语文。"博雅语文"以传统文化为载体,以经典诵读为基础,以多元阅读为途径,不断探索和创新语文教学的内容和形式,通过开发形式多

---

[1] 中华人民共和国教育部. 义务教育语文课程标准(2022年版)[S]. 北京:北京师范大学出版社,2022:4.

样、高效有趣的语文课程,引导学生学习运用语言文字,促使其博览群书,思想雅正。

总之,"博雅语文"倡导儿童在广博的阅读中使内心世界得到滋养和润泽,让儿童感受文字的精华、文学的魅力,从而促进精神的发展。我们始终坚持"博雅语文"的核心内涵——让儿童在广泛的阅读中丰盈内心。

第二节　助力儿童的智味成长

学校以《义务教育语文课程标准(2022年版)》为依据,结合学校学生的学习情况,制定符合学校校情的学科课程目标。课程目标从识字与写字、阅读与鉴赏、表达与交流、梳理与探究等方面综合构建素养型综合体系。

一、学科课程总体目标

《义务教育语文课程标准(2022年版)》指出:"语文课程围绕核心素养,体现课程性质,反映课程理念,确立课程目标。"[①]因此,我校的语文课程总体目标如下:能用普通话正确、流利、有感情地朗读课文;学会倾听、表达和交流;学会运用多种方法进行阅读,并重视内心的情感体验;尊重多样文化,吸收人类优秀文化的精髓,提升自己的文化品位,丰富自身的精神世界;培养良好的语文学习习惯,发展语文思维能力,养成趣雅尚美的精神品质。

二、学科课程年段目标

根据《义务教育语文课程标准(2022年版)》《义务教育教科书语文教师教学用书》和教育部审定一至六年级义务教育教科书(2019年版),结合我校语文学科课程总目标和一至六年级的学情,我们设置"博雅语文"课程年段目标,以四年级为例(表4-1)。

表4-1　"博雅语文"四年级目标

年级	上学期	下学期
四年级	第一单元: 1. 边读边想象画面,感受自然之美。 2. 推荐一个好地方,写清楚推荐理由。	第一单元: 1. 抓住关键语句,初步体会课文表达的思想感情。

---

① 中华人民共和国教育部. 义务教育语文课程标准(2022年版)[S]. 北京:北京师范大学出版社,2022:4.

(续表)

年级	上学期	下学期
	3. 欣赏名曲《动物狂欢节》,感受充满生机、充满激情、充满平等与博爱、没有物种界线的开心与快乐,写一写听乐曲的感受。 第二单元: 1. 阅读时尝试从不同角度去思考,提出自己的问题。 2. 写一个人,注意把印象最深的地方写出来。 3. 阅读《草房子》,感受充满诗情画意的乡间故事,领悟作家有关生命内涵的思考,与同学交流读书感受。 第三单元: 1. 体会文章准确生动的表达,感受作者连续细致的观察。 2. 进行连续观察,学写观察日记。 3. 欣赏名画《百骏图》,观察姿势各异的骏马,并用文字表述。 第四单元: 1. 了解故事的起因、经过、结果,学习把握文章的主要内容。 2. 感受神话中神奇的想象和鲜明的人物形象。 3. 欣赏名画《松树林之晨》,观察清晨松树林间嬉戏的黑熊,感受松树林中的勃勃生机,和同学交流一下观察图画的感受,体会自然之美。 第五单元: 1. 了解作者是怎样把事情写清楚的。 2. 写一件事,把事情写清楚。 3. 欣赏电影《飞屋环游记》,能讲述故事大意,感受主人公的不屈、坚持和对梦想的执着。 第六单元: 1. 学习用批注的方法阅读。	2. 写喜爱的某个地方,表达出自己的感受。 3. 欣赏名画《江南水乡水墨画》(吴冠中),感受江南乡村生活的宁静、和谐。 第二单元: 1. 阅读时能提出不懂的问题,并试着解决。 2. 展开奇思妙想,写一写自己想发明的东西。 3. 欣赏电影《流浪地球》,能够简要说故事内容,感受科技对生活的重要性,以及人物的家国情怀,人与人之间质朴的爱。 第三单元: 1. 初步了解现代诗的一些特点,体会诗歌表达的情感。 2. 根据需要收集资料,初步学习整理资料的方法。 3. 合作编小诗集,举办诗歌朗诵会。 4. 欣赏名曲《再别康桥》,了解作品的创作背景,体会徐志摩融入作品中的个人情感,试着谈一谈自己的感受。 第四单元: 1. 体会作家是如何表达对动物的感情的。 2. 写自己喜欢的动物,试着写出特点。 3. 欣赏名画《花鸟图》,体会工笔画的美,交流彼此感受。 第五单元: 1. 了解课文按一定顺序写景物的方法。 2. 学习按游览的顺序写景物。 3. 欣赏名画《阿让特伊雪景》,感受油画中静谧祥和的意境,体会莫奈油画的特点。

(续表)

年级	上学期	下学期
	2. 通过人物的动作、语言、神态,体会人物的心情。 3. 记一次游戏,把游戏过程写清楚。 4. 欣赏名曲《天鹅湖》,了解作品故事,感受天鹅的形象,并能写下来与同学交流分享。 第七单元: 1. 关注主要人物和事件,学习把握文章的主要内容。 2. 学习写书信。 3. 欣赏电影《小鬼当家》,与同学讨论电影中的故事情节,感受主人公面对坏人勇于斗争、临危不惧的精神。 第八单元: 1. 了解故事情节,简要复述课文。 2. 写一件事,能写出自己的感受。 3. 阅读《时代广场的蟋蟀》,了解故事内容,感受柴斯特与亨利、塔克、玛利欧之间的深厚感情,写一写自己的阅读体会。	第六单元: 1. 学习把握长文章的主要内容。 2. 按一定顺序把事情的过程写清楚。 3. 欣赏名曲《红星照我去战斗》,学习革命后代挑重担、勇向前的成长经历,感知中国革命代代如潮涌的红色精神。 第七单元: 1. 从人物的语言、动作等描写中感受人物的品质。 2. 学习从多个方面写出人物的特点。 3. 欣赏电影《闪闪的红星》,了解电影的创作背景,感知潘冬子的人物品质。 第八单元: 1. 感受童话的奇妙,体会人物真善美的形象。 2. 按自己的想法新编故事。 3. 欣赏电影《宝葫芦的秘密》,认识电影中的人物,大致了解电影情节,引导学生认识到世界上没有不劳而获的道理。

综上所述,我们充分利用现有资源,对课程标准、语文要素、教学目标进行整合,通过多学科融合,培养学生的语文素养。

第三节 创设灵动的学习内容

基于学校语文"让儿童在广泛的阅读中丰盈内心"的理念,为实现语文课程目标,我们整合地方、学校教育资源,引导学生进行丰富、高效、有趣的语文学习,进一步推进学生个性发展,由此构建我校"博雅语文"课程体系。

一、学科课程结构

依据《义务教育语文课程标准(2022年版)》中课程的识字与写字、阅读与鉴赏、表达与交流、梳理与探究四大领域,结合学校名曲欣赏、名画欣赏和电影欣赏课程,我们将"博雅语文"课程分为博雅识写、博雅阅读、博雅交流、博雅表达、博雅探究、博雅欣赏六大板块(图4-1)。

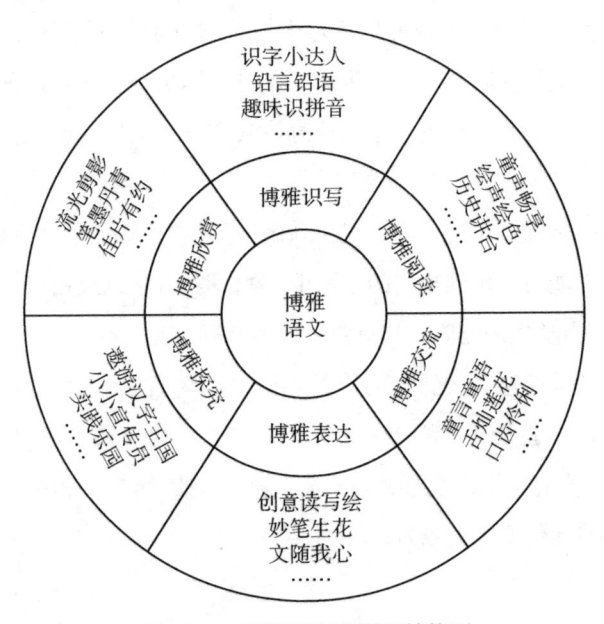

图4-1 "博雅语文"课程结构图

上图中各板块课程具体表述如下：

"博雅识写"是落实小学各年级识字、写字的内容。《义务教育语文课程标准（2022年版）》指出："识字与写字是阅读和写作的基础，是第一学段的教学重点，也是贯穿整个义务教育阶段的重要教学内容。"[1]本课程的开设旨在激发学生的识字兴趣，采用多种识字方法和识字活动进行教学，引导学生掌握识字方法，养成良好的写字习惯。

"博雅阅读"是让学生博览群书，利用语言文字获取信息，积累语言。学校为学生的语文学习提供大量适合年龄特点的童书，以课本为例子教会学生语言学习的方法，并引导他们迁移运用于经典阅读之中，潜移默化地培养学生的语感。

"博雅交流"指向的是口语交际，它是人与人之间沟通交往的重要渠道。说的过程就是语言的加工过程，体现语言的综合运用能力。有计划、有重点、有条理地说，让自己的表达赢得更多人的青睐，让文字成为美妙的音符是"博雅交流"的目标。通过创设学生生活中常见的生活情境，让学生结合已有的经验，进入情境中进行对话、辩论、表演等，培养学生的口头表达能力。

"博雅表达"是借助多种资源进行习作。学校以丰富多彩的习作学习方式调动学生的积极性，点燃学生的创作热情。在引导学生观察生活的同时，用文字将自己的所感所想写出来。注重学生的情感体验和想象空间，利用多种方式激发学生的写作热情。

"博雅探究"是以学生现有的知识为基础，开展有趣味的语文实践活动。学生将学习到的语言能力运用到现实的情境中，融会贯通，学以致用，解决学习和生活中的问题，共同为学生的健康成长奠定坚实的基础。

"博雅欣赏"是通过声、光、电的形式让学生欣赏名曲、观赏名画、品析电影的课程。"博雅欣赏"是大语文观的综合体现，除了让学生在阅读中感受中国的文字之外，还了解其他的文学表现形式，拓宽学生的阅读面，了解相关历史文化背景，提升学生欣赏美和创造美的能力。

---

[1] 中华人民共和国教育部. 义务教育语文课程标准（2022年版）[S]. 北京：北京师范大学出版社，2022：22.

二、学科课程设置

学校遵循语文课程的教育规律和学生身心发展的特点,积极开展"博雅语文"课程群建设,让学生通过广博的阅读、丰富多彩的语文课程,夯实学生的听、说、读、写的能力,提升学生的语文学习素养(表4-2)。

表4-2 "博雅语文"课程设置表

年级	课程学期	博雅识写	博雅阅读	博雅交流	博雅表达	博雅探究	博雅欣赏
一年级	上学期	识字小达人 趣味识拼音	单元群组阅读 绘声绘色	童言童语	创意读写绘	童谣世界	剧目秀场 初识名曲 颜色探索
	下学期	铅言铅语 趣味识拼音	单元群组阅读 绘声绘色	童言童语	创意读写绘	童谣世界	剧目秀场 初识名曲 颜色探索
二年级	上学期	看音识字 铅铅细语	单元群组阅读 童书畅想 成语小达人	能说会道	书画我心	童话大王 童话展演	走进名曲 纸上人生 电影世界
	下学期	看音识字 铅铅细语	单元群组阅读 童书畅想 成语小达人	能说会道	书画我心	童话大王 童话展演	走进名曲 纸上人生 电影世界
三年级	上学期	字里行间	单元群组阅读 妙趣对韵	娓娓道来	字字珠玉	书海拾贝 故事大王	流光剪影 名曲探秘 绚丽色彩
	下学期	字里行间	单元群组阅读 妙趣对韵	娓娓道来	字字珠玉	小小传承师 书海拾贝	流光剪影 名曲探秘 绚丽色彩
四年级	上学期	我爱识字 笔行天下	单元群组阅读 对联达人	口齿伶俐	文随我心	小小宣传员 梳理归类 经典国学	彩绘中国 声声曼妙 佳片有约
	下学期	我爱识字 笔行天下	单元群组阅读 对联达人	口齿伶俐	文随我心	小小宣传员 梳理归类 经典国学	彩绘中国 声声曼妙 佳片有约

(续表)

年级\课程\学期		博雅识写	博雅阅读	博雅交流	博雅表达	博雅探究	博雅欣赏
五年级	上学期	行云流水	单元群组阅读 历史讲台 古文古韵	舌灿莲花	妙笔生花	实践乐园 英雄故事会	音乐玄妙 身临其境 笔墨丹青
	下学期	行云流水	单元群组阅读 古文古韵	舌灿莲花	妙笔生花	英雄故事会 遨游汉字王国	音乐玄机 身临其境 笔墨丹青
六年级	上学期	汉字之美	单元群组阅读 历史讲台	能言善辩 百家讲台	手中篇章	走近鲁迅 展示平台 小小编导	光影智旅 声音探究 油画世界
	下学期	汉字之美	单元群组阅读 历史讲台	能言善辩 百家讲台	手中篇章	美好记忆 展示平台 小小编导	光影智旅 声音探究 油画世界

总之，我们充分挖掘资源，拓展语文学习的广度，不断加大学生的阅读量，通过提高学生的阅读兴趣，促进学生语文能力的提升。

第四节　构筑智慧的体验场域

《义务教育语文课程标准(2022年版)》提出:"课堂教学评价是过程性评价的主渠道。教师应树立'教—学—评'一体化的意识,科学选择评价方式,合理使用评价工具,妥善运用评价语言,注重鼓励学生,激发学习积极性。在小组合作、汇报展示过程中,教师应提前设计评价量表、告知评价标准,引导学生合理使用评价工具,形成评价结果;要注意观察小组成员的分工方式、讨论程序和对不同意见的处理,关注学生在发言和倾听发言时的规则意识和交际修养,借助评价引导学生反思学习过程。组织学生互相评价时,教师要对同伴评价进行再评价,提出指导意见,引导学生内化评价标准,把握评价尺度,在评价中学会评价。"[1]

"博雅语文"课程改革由一至六年级阶梯状地实施与开展,在学校整体的规划下,围绕"教—学—评"一致性,扎实推进语文课程周目标栏目教学。学校根据改革内容和学生特点,安排不同课程,从不同角度让学生系统地学习语文,培养学生的语文能力,提高学生的语文素养。

一、构建"博雅课程",让语文课程精彩纷呈

"博雅课程"以"语文+课程"的模式构建,在语文课本课程的基础上,根据学校学生的实际情况、教师的专业程度、学校的发展愿景研发了单双周课堂教学模式,并拓展多个课程。"语文+"的课程模式是国家课程校本化的有效实施,丰富了"博雅课程"的内容。我们致力于打造一个高效的、知识容纳丰富的"博雅课程"。

(一)"博雅课程"的实施

"博雅课程"以"课本周"和"海量周"的模式进行教学。"课本周"整合部编本教材,分为"识字课""写字课""单元群组阅读课""语言积累课""口语交际课"和

---

[1] 中华人民共和国教育部.义务教育语文课程标准(2022年版)[S].北京:北京师范大学出版社,2022:48.

"习作课";"海量周"以海量阅读、文学欣赏、电影欣赏、名曲欣赏和名画欣赏为主,丰富学生的知识储备。

"博雅识写"即识字课和写字课。我们将单元内"我会认"和"我会写"中的生字集中在一起,创设情境,让学生分类学习和书写汉字,教会学生学习汉字的方法,感受汉字的魅力。

"博雅阅读"分为课本周的单元群组阅读、海量周的文学欣赏以及海量阅读三部分内容。课本周的单元群组阅读将课本内有共同点的课文进行组合,寻找共同的语文要素进行讲解。"海量阅读"结合各年级学生的特点选择适合的海量阅读内容,一年级是学校自制的识字教材,二年级是《成语儿歌》,三年级是《笠翁对韵》,四年级是《声律启蒙》,五、六年级是《中国历史故事》。文学欣赏根据课本"快乐读书吧"推荐的内容,选择共读书目进行学习。

"博雅交流"即口语交际课,结合部编教材口语交际的内容创设相关的情境,让学生的语言在情境中得以运用,培养学生的语言表达能力。

"博雅表达"即习作课,结合部编教材每单元的习作要素,进行有针对性的习作指导。

"博雅欣赏"分为名曲欣赏、名画欣赏和电影欣赏三大部分。根据不同年级学生特点开设不同课程。

"博雅探究"即实践探究课,是根据部编教材中的语文要素开设多种活动,进行语文的综合性学习,培养学生的语言运用能力。

(二)"博雅课程"的评价

首先,"博雅课程"要求有目标意识,能够将有效的资源进行精心的重组和构建,引领学生获得全新的学习体验。其次,"博雅课程"重视活动的体验,能够高效实施课程。"博雅语文课程"的开发重视学生的情感体验,在实施过程中更加重视学生的阅读体验,在阅读中拓宽学生的眼界,激发学生的兴趣,让学生在高效的课程活动中发展语文素养。最后,"博雅课程"提倡自主发展,展现了学科的丰富性(表4-3)。

表4-3 "博雅课程"评价表

类型	内　　容	形式	等级优良
目标	能够有效地整合课程资源,满足学生的发展需要,促进学生的相互交往,内容可操作性强,并且能够及时调整。	检查教案	
设计	设计新颖,有一定的实施方法。	教学教案	
实施	1. 根据教学计划,精心准备,能因材施教,认真指导。 2. 课程实施能够满足学生的阅读需求,重视学生的阅读发展,让学生获得解决语文问题的能力,培养学生的实践力和创造力,让学生乐于接受。	课堂效果、学生问卷	
评价	根据年级学生特点,组织学生评价,做好评价工作。	学生学习成果《自主评价手册》	
反思	针对教学设计各个环节的思考,能够形成有效的建议,积极完善课程的发展。	教学反思	

二、打造"博雅课堂",让语文课程落地生根

"博雅课堂"以周目标栏目教学方式呈现,提前发放课程学习单,学生根据学习单的模块进行学习。教师在课堂上有针对性地对学生进行点拨,每节课根据识字、写字、习作、口语交际等内容进行课程的整理和融合,提高课堂效率,节约时间让学生进行课外名著、电影、名画、名曲的欣赏,打造丰富的课堂内容。

(一)"博雅课堂"的实施

"博雅课堂"以儿童的需要为目标,将电影、名曲、名画等文学资源引入课堂,丰富了课堂内容,创新了课堂的形式。"博雅课堂"实行单双周授课,旨在让儿童在课堂知识的习得中寻求多样的方法,关注到知识获取的途径。教师采用多种方法让儿童体验过程的乐趣,关注过程性探究。儿童可以用演讲、辩论、推荐册的制作等多种方式展现自己的学习成果。通过学习知识,提升儿童的语文思维能力和综合素质,通过活动让儿童掌握学习的方法,让儿童乐于探索文学的奥秘,从而爱上阅读,爱上语文。

(二)"博雅课堂"的评价

"博雅课堂"从学习目标、学习内容、学习方法、学习过程、多元生成和学习效果等方面进行评价(表4-4)。

表 4-4 "博雅课堂"评价表

评价维度	评 价 要 素	分值
学习目标	1. 学习目标明确,重难点恰当,关键问题把握准确。	5
学习内容	1. 学习内容注重融合,创造性地使用教材。 2. 通过整合相关知识,引导学生构建知识框架。	5
学习方法 合作(探究) 学习	1. 自主学习:能独立思考,探究问题有主见,能总结提炼学习所得。 2. 合作(探究)学习:组织有序,讨论热烈,同伴协作,帮扶到位,按时完成小组分配的学习任务。 3. 思维状态:善于思考质疑,能提出个人观点,见解独到,有价值,并引发同学思考。 4. 参与状态:精神饱满,兴趣浓厚,学习投入,状态良好。	25
学习过程	1. 展示状态:大胆自信,表达简洁,解疑答惑正确,征求意见谦虚。 2. 交流状态:尊重同学和老师,清晰表达自己观点,耐心听取别人意见,质疑研讨诚恳,评价客观公正。 3. 教师点拨:及时整理提炼学生生成的问题;适时、适度指导学生的学习活动;矫正纠错、提炼总结,体现教育智慧。	40
多元生成 (夯实基础 分层提高)	1. 问题的设计有层次性和针对性。 2. 课堂内容有适当的升华和拓展。	15
评价反馈 (评价多元 及时有效)	1. 采用发展性的多元评价,评价适时恰当,激励性、指导性强。	5
学习效果	1. 知识掌握:学生快速掌握当堂知识,知识目标达成度高。 2. 方法运用:学会解决问题的方法,形成学习策略,养成良好的学习习惯。 3. 情感发展:学生学习过程愉快,思想积极向上。	5
总计		

三、举办"博雅语文节",让语文学习具有仪式感

"博雅语文节"包含两个方面,一个是结合传统节日开设的传统节日课程;另外一个是结合学校语文阅读内容开发的特色节日"博雅读书节"。"博雅语文节"

以一系列丰富多彩的语文活动为载体,通过传统节日和特色节日的结合提高学生学习语文的兴趣,丰富学生的语文学习经历,带领学生走进语文广博的天地,徜徉在语文的广博阅读之中,让每个学生享受阅读带来的乐趣。

(一)"博雅语文节"的实施

传统节日课程中,教师引领学生充分认识多姿多彩的节日,将节日文化教育与语文学科教学有机结合,提高学生的思维能力、动手能力和创新能力。按照传统节日与常规节日的内容每月开展一项主题活动。十月份的国庆节,开设"敬献祖国母亲"的课程,让学生以诵读爱国诗歌、记录祖国故事的形式表达对祖国的热爱。十一月份的安全月,开设"最美的人"课程,学生以记录消防员生活、制作消防知识小报的形式来了解消防安全。十二月份的冬至,开设"冬天来了"课程,学生以诵读节气诗歌、记录冬至故事来了解二十四节气,增强对传统文化的理解。一月份的元旦,开设"美好开头"课程,学生以写元旦祝福、写成长寄语的方式制定新年目标,树立成长意识。二月的春节开设"万事贺新"课程,学生通过写对联、话年俗表达对传统节日的喜爱,了解传统节日的文化内涵。三月份的妇女节,开设"最美妈妈"课程,学生以文字形式表达对妈妈的爱,增强亲子关系,体会父母之爱。四月的清明节开设"寄托哀思"课程,学生通过书写抗日英雄、追悼革命先辈的形式,了解革命先烈,树立远大志向。五月的劳动节,开设"光荣的人"的课程,学生记录身边最美劳动者,制作劳动节知识手抄报,增强对五一劳动节的认识。六月份的儿童节,开设"最美红领巾"课程,以文字记录成长的幸福时刻,制作成长纪念册,提升学生的写作水平,留住美好小学记忆。九月份的教师节,开设"辛苦了,老师"的课程,学生用习作、日记、图画等形式叙述自己最喜欢的教师,营造尊师重教的氛围,提升学生的习作素养。

"博雅读书节"每个年级围绕一个主题进行活动,包括一年级的童谣节,二年级的童话节,三年级的故事节,四年级的名家节,五年级的名著节和六年级的诗歌节。学生在六年中进行所有主题的循环,从而使自己读书更有目的性和针对性,提高阅读的效率。每个年级将在自己的主题下进行不同形式的阅读活动,例如:制作手抄报、个人阅读汇报、童书分享会、年级专场演出等。学校还会在"六一"儿童节进行读书表彰活动,评选出"书香家庭""大书虫""小书虫"和"书香年级"等,以激发学生的阅读兴趣。

（二）"博雅语文节"的评价

"博雅语文节"的评价是保证节日课程活动正常进行的手段，要想构建科学的评价体系，必须遵循学生实际发展的需要（表4-5）。

表4-5 "博雅语文节"评价表

项目	评价标准	等级优良
方案制定	1. 主题明确、新颖、有吸引力。 2. 体现时代特征，体现学校课程哲学。 3. 适合学生年龄特点，内容新颖有创意。 4. 有感染力。 5. 贴近学生的实际生活。	
实施过程	1. 多种参与形式，参与范围广。 2. 层次分明，活动紧凑，不拖沓。 3. 丰富多样，学生喜爱。 4. 氛围浓郁，烘托主题。 5. 学生喜爱，参与度高。 6. 循序渐进，激发学生的热情。 7. 教师指导得当。	
活动宣传	1. 学生情感升华，有感悟，有情感共鸣。 2. 陶冶了性情，树立了正确的人生观。 3. 宣传及时，效果显著。	

四、开设"博雅社团"，让儿童个性充分展现

"博雅社团"作为学校课堂教育的延伸，发挥着重要的作用。每周四下午放学为"博雅社团"活动时间，学校通过开展多彩的社团活动，为学生的语文学习提供了一个平台，让学生的才华和爱好在社团中得以呈现和发展。

（一）"博雅社团"的实施

在语文组成员的共同讨论下，我们以专业发展的活动模式，逐渐培养学生的博雅情怀。基于此，学校创办了"笔墨飘香社""遇见经典社""妙笔写作社""绘本阅读社""经典诵读社""课本剧社"等语文社团，涵盖了阅读、写作、书法、诵读等领域。语文社团活动的开展拓宽了学生的视野，丰富了学生的文化积淀。

"笔墨飘香社"以书法为重点，教授学生毛笔书写的技巧和方法，了解著名的

书法家,教学生如何进行书法的欣赏,感受书法的魅力。

"课本剧社"以课文的主要内容为基础,进行剧本改编、角色分配,通过表演的方式将书中文字展现成生动的剧目。

"绘本阅读社",以低年级学生为主,以绘本为载体,通过绘本介绍、读书推荐卡、绘本交流、表演等形式,创设情境让学生走进绘本,提升阅读兴趣。

"经典诵读社"主要是诵读古代名篇诗句或韵文,让学生将其按声调起伏变化诵读出来。

(二)"博雅社团"的评价

为真正落实社团的作用和效果,我们制定了相应的活动评价标准,主要从出勤情况、活动效果、特色创新等维度进行评价(表4-6)。

表4-6 "博雅社团"评价表

评价项目	分值	评 价 标 准	教师评分
出勤情况	20	实行签到制度,按时参加社团,不迟到,不早退。	
活动过程	20	目标明确,活动主题积极健康,内容丰富,形式生动,组织有条理,过程有序开展,学生满意度高。	
活动表现	20	社员参与热情,气氛热烈,学生能充分发展自我特长,团结协作,在互动中提升自己。	
活动效果	20	能达成预期目标,形成自己的学习成果,积极参与社团成果展示交流。	
特色创新	20	成果作品有特色、有创新、有亮点。	
总体评价			

五、评选"博雅少年",丰富学生生活

"博雅少年"的评选活动以学生的直接经验为主,学生通过亲身实践、主动发现和获取有关的知识,使技能、情感、意志得到培养。通过评选"博雅少年"的活动提高学生语文学习的参与度,激发语文探究的兴趣。

(一)"博雅少年"的评选活动

"博览少年"的评选,通过开展"博览群书言行文雅"的读书系列活动,丰富学

生的学习生活,拓宽学习视野。阅读书籍最多,能够学以致用的学生获此荣誉。

"文学少年"的评选。学校定期邀请儿童文学作家进入校园,开展见面活动,通过儿童文学作家向小朋友介绍阅读的策略,讲述文学创作的过程,开展交流、签名活动等。学校利用电子彩屏每周向学生推荐读书名言和图书。班级利用午读时间选择优秀的小读者向大家分享自己的阅读经验。

"阅读之星"的评选。每个班级进行阶段性的阅读推荐,根据学校阅读课程的实施,推选出优秀的学生。学校结合"七彩少年评价体系"评价内容,颁发"博雅之星"彩虹卡。

"书写达人"的评选。每年十月份,组织学生进行全校范围内的书写活动。一、二年级书写词语,三、四年级书写古诗,五、六年级书写经典段落。书写优秀的学生按照评分细则获得这项荣誉。

"作文能手"的评选。学校在十一月份举行全校性质的作文比赛,结合统编教材中各年级的习作要素进行出题,按比例评选出"作文能手",并进行表彰。

(二)"博雅少年"活动的评价方法

"博雅活动"评价运用发展性评价方式,根据每项活动方案中的目标,按照一定的标准,运用一定的方法,对活动效果进行评价,要求注重过程、尊重多元。具体体现在关注学生获得结果和体验的过程,尊重学生个性的表达方式,使学生通过活动发现不足并改正(表4-7)。

表4-7 "博雅活动"评价表

评价项目	评价要点	评价标准	分值
目标和内容	目标明确	符合学校的育人目标与语文学科目标。	5
	切合实际	贴近生活,丰富学生的情感体验。	5
	内容丰富	实践性强,可以体现语言的信息搜集、整合,运用多种知识。	5
	内容使用	容量适当,难易得当。	5
活动方式及方法	组织形式	符合学生年龄特点,形式多样活泼。	5
	活动方法	小组合作、交流讨论、展示观摩等多种方法结合,以体验参与活动为主。	5
	指导方法	方法得当,指导适量。	5

(续表)

评价项目	评价要点	评价标准	分值
活动过程	活动要素	方案详实,组织得力,评价激励,具有安全性。	18
	活动步骤	步骤详实,具有逻辑性,过程紧凑。	12
活动效果	学生自主性	充分体现学生自主,参与度高。	10
	学生能动性	学生参与面广,活动参与积极。	15
	学生创造性	活动方法多样,有相应的活动成果。	10
总分			

综上所述,"博雅语文"是二实验小语人共同的教育理想和教育追求。灿烂文化、广博知识、高雅情操是"博雅语文"追寻的主要目标。"博雅语文"让阅读唤醒孩子们灵魂,让阅读激发孩子们学习兴趣。第二实验小学的孩子们将在"博雅语文"的引领下,博览群书、言行文雅、志存高远。

(撰稿者:汪菁　张煌培　王亚菲　苏林　毋鑫鑫　张翠)

第五章
境域性：创多向交互的体验域

关注情境，植根情境，使具身语文课程具有鲜明的场域空间。具身语文课程重视学习空间的熏陶感染作用，强调在"此时此刻""此时此地""此情此景"下，儿童去参与与体悟、对话与沟通，与语文在情境中深度遇见，焕发思维的光芒。不同的学习空间拨动着不同的生命韵律，在具身语文课程实施过程中，我们创设多维可感的、生动具体的学习情境，使儿童在精心编织的互通交融的空间中自在翱翔，采撷文字的美好。

郑州市管城回族区外国语小学语文组,现有专任教师72人,其中河南省骨干教师4人,郑州市骨干教师6人,管城区骨干教师4人。多年来,学校从课堂教学改革、校本教研、教学常规落实等方面入手,以研促教。学校语文组教师多次在市、区级优质课、素养大赛等各项评比活动中获奖。为进一步推进我校语文学科课程建设,学校语文组以国家课程为基础,依据教育部《关于深化课程改革,落实立德树人根本任务的意见》和《义务教育语文课程标准(2022年版)》,制订了我校语文课程群建设方案,取得了显著效果。

第一节　让语文学习多向碰撞

一、学科性质观

《义务教育语文课程标准(2022年版)》指出:"语文课程是一门学习国家通用语言文字运用的综合性、实践性课程。工具性与人文性的统一,是语文课程的基本特点。语文课程应引导学生热爱国家通用语言文字,在真实的语言运用情境中,通过积极的语言实践,积累语言经验,体会语言文字的特点和运用规律,培养语言文字运用能力;同时,发展思维能力,提升思维品质,形成自觉的审美意识,培养高雅的审美情趣,积淀丰厚的文化底蕴,继承和弘扬中华优秀传统文化、革命文化、社会主义先进文化,增强对习近平新时代中国特色社会主义思想的理解和认识,全面提升核心素养。"① 基于这样的要求,我们认为,语文课程在培养学生语言运用能力的同时要滋养其聪慧的心灵,丰盈学生的灵魂。

二、学科课程理念

《义务教育语文课程标准(2022年版)》指出:"义务教育语文课程围绕立德树人根本任务,充分发挥其独特的育人功能和奠基作用,以促进学生核心素养发展为目的,以识字与写字、阅读与鉴赏、表达与交流、梳理与探究等语文实践活动为主线,综合构建素养型课程目标体系;面向全体学生,突出基础性,使学生初步学会运用国家通用语言文字进行交流沟通,吸收古今中外优秀文化成果,提升思想文化修养,建立文化自信,德智体美劳得到全面发展。"② 我们认为在全面提高学生语言文字运用能力的同时应涵养智慧童心,即构建"慧心语文"课程。

---

① 中华人民共和国教育部制定.义务教育语文课程标准(2022年版)[S].北京:北京师范大学出版社,2022:1.
② 中华人民共和国教育部制定.义务教育语文课程标准(2022年版)[S].北京:北京师范大学出版社,2022:2.

"慧心语文"是启迪智慧的课程。语文课程致力于培养学生运用语言文字的能力。学生在提升识字写字能力、阅读能力、写作能力及口语交际能力的过程中锻炼自己的思维力,发展自己的智慧。

"慧心语文"是修艺慧心的课程。语文教材中的课文都是经过精心选择的,里面蕴含了许多情感方面的内容,课文作者在文中表达的情感、描绘的美好意境可以引起学生的共鸣,达到陶冶情操的目的。

"慧心语文"是润泽生命的课程。语文学习,就是对人生的一次探索,从语言文字的字里行间了解世间万物、感悟人情冷暖,最终使学生成为敬畏生命、热爱生命的慧心少年。

"慧心语文"是涵养情怀的课程。语文课程丰富的人文内涵对学生精神世界的影响是广泛而深刻的,语文课程就是一片沃土,教师要培育学生对中华文化的认同感、家国情感的归属感、祖国强盛的自豪感,使学生成为更具担当、更有胸怀的慧心少年。

总之,"慧心语文"凝聚着对美好人生的追求,折射着平淡生活中生命的本真,承载着对民族的担当。启智慧心以文育人,修艺慧心以美育人,让学生在语文学习中润泽生命、涵养情怀。

第二节　用情境焕发思维光芒

《义务教育语文课程标准(2022年版)》指出:"语文课程围绕核心素养,体现课程性质,反映课程理念,确立课程目标。"[1]依据《义务教育语文课程标准(2022年版)》中课程目标的相关要求,结合我校"慧心语文"的学科课程理念,我们制定了"慧心语文"学科课程总目标和年级目标。

一、学科课程总目标

《义务教育语文课程标准(2022年版)》指出:"课程资源的使用要以促进学生核心素养发展为目的,多角度挖掘其育人价值,与课程内容形成有机联系,促进课程目标全面达成。"[2]在学生个人成长过程中,语文学科要为其广泛涉猎提供平台,使学生在语言学习中丰富知识、增长见识,同时浸润学生的精神世界,塑造学生的品格,使之在学习中不断完善和健全自身修养。具体而言,我校的语文课程目标如下:

(一)语文显性课程目标

语文课程是一门学习国家通用语言文字运用的综合性、实践性课程,以促进学生核心素养发展为目的。结合我校教学实际情况,语文的显性课程目标从识字与写字、阅读与鉴赏、表达与交流、梳理与探究四方面入手。

慧心学字目标。认识和书写常用汉字。累计认识常用汉字3 000个左右,其中会写2 500个左右,有较强的独立识字能力和主动识字的愿望及习惯,对学习汉字有浓厚的兴趣;学会汉语拼音,把汉语拼音作为帮助识字和学习普通话的工具;能正确工整地书写汉字,并有一定的速度,在书写中体会汉字的优美,有正确的写字习惯和良好的书写习惯;发展语文素养的自主性,重文字,爱母语,在轻松愉快

---

[1] 中华人民共和国教育部制定.义务教育语文课程标准(2022年版)[S].北京:北京师范大学出版社,2022:4.

[2] 中华人民共和国教育部制定.义务教育语文课程标准(2022年版)[S].北京:北京师范大学出版社,2022:54.

中感受文字的魅力。

慧心阅读目标。学会运用多种阅读方法,具有独立阅读、初步鉴赏文学作品的能力。能用普通话正确、流利、有感情地朗读课文;背诵优秀诗文160篇,课外阅读总量不少于145万字;学会精读、略读和浏览等多种阅读方式;通过多种媒介阅读,能自主选择优秀的阅读材料,丰富自己的精神世界;能在交流探讨中,敢于提出看法,做出自己的判断;充分调动自己的听觉、视觉、触觉等感官,有较为丰富的积累和良好的语感,注重情感体验,感受语言的优美,对文章的内容有自己的心得,向往和追求美好的理想。以读为本,读中内化,获得情感的体验。

慧心表达目标。学会倾听与表达,乐于用口头、书面的方式与人交流沟通。能认真、耐心地听他人讲话,能抓住要点,并能简要转述;根据不同的对象和场合,能用正确的方式与人交流,在与他人交谈时自信、大方,具有良好的应对能力;能积极参加讨论,敢于发表自己的意见。能用书面语言表达自己的见闻、体验和想法,做到具体明确、文从字顺;养成留心观察周围事物的习惯,学会搜集资料、积累素材、构思立意、列纲起草、修改加工等,提高独立写作的能力;能够根据日常生活及表达的需要,运用恰当的表达方式进行写作;能与他人交流写作心得,互相评改习作,相互提出修改意见,以提高自己的习作水平。在倾听和表达中,延伸想象和情感的张力,获得丰富体验的乐趣。

慧心实践目标。通过主动的积累、梳理和整合,乐于探索,勤于思考,培养思维能力。观察字形,分类整理学过的字词,发展独立识字能力和写字能力;观察自然,观察社会,积累活动体验,运用多种媒介,整理和呈现自己的观察与探究所得;有主动解决与学习相关问题的意识,能够利用图书馆、网络等信息渠道获取资料;能策划简单的校园活动和社会活动,通过调查访问、讨论演讲等方式,对共同关注的热点问题,或影视作品中的故事和形象,开展专题探究活动。通过实践活动,将课堂中的文字、画面、情感、道理等还原,真正实现智慧的涵养与内化。

(二) 语文隐性课程目标

语文课程显性目标是学生在语文学习中可直观检测的目标,但是语文课程学习并不只是知识的学习,还有精神、思维、审美、道德等隐性目标需要达成。

审美情趣目标。语文具有重要的审美教育功能。在教学活动中,应关注学生情感的发展,让学生受到美的熏陶,培养审美感知和审美创造的能力,使他们在生活中获得审美的体验,并能主动地发现美、认识美、创造美。一方面,语文教学要引导学生从文学作品中感受大千世界和多姿多彩的美丽人生;另一方面,则要启发学生深入语言,悉心感受,能用个性和真实的言语形式去创造自我的精神世界,体会真切的美。在情趣深厚的教学氛围中,强调审美情趣的激发,使学生的认知活动和审美活动相伴相随,相生相长。

探究能力目标。通过语文学习,学生应能自己发现问题,探索解决问题的方法,从各种学习途径中获得知识和能力、情感和态度的发展。在语文教学活动中,教师应引导学生采用多种方法进行探究,解决问题,鼓励学生大胆说出自己的看法,形成批判思维和创新意识,培养学生的思辨能力。关于阅读写作教学,应在仔细品读中让学生有所启发,积极探究人生的价值,逐步形成自己的思想和行为准则,树立积极向上的人生理想,增强为民族复兴而努力的使命感和社会责任感;尽可能地把学习的时间、空间、提问权、评价权等还给学生,尊重学生学习的基本权利,让每一个学生从"学会"走向"会学",真正提高探究能力,成为学习的主人。

情感导向目标。情感教育是语文教学的根本。文学作品,或蕴含着崇高的理想精神,或闪烁着强大的道德感化力,或迸发出坚定的意志品质,所以,在语文教学中,教师应引导学生通过阅读课文、赏析名著、品味语言、挖掘人文底蕴及一系列的实践活动,让学生接受传统文化和高尚精神的熏陶,引导他们求真、求善、求美,树立正确的价值观、人生观、世界观。在教授语文时,应跳出课堂的桎梏,让语文走进生活,使存在于学生心中的童心和智慧能毫无掩饰地表现出来,感知生活中的人情与温暖,发挥语文的优势,用语文的魅力来塑造学生健康的人格和品格。

二、学科课程年级目标

《义务教育语文课程标准(2022年版)》指出:"义务教育语文课程培养的核心素养,是学生在积极的语文实践活动中积累、建构并在真实的语言运用情境中表现出来的,是文化自信和语言运用、思维能力、审美创造的综合体现。"[①]依据核心素养的内涵,我校制定了"慧心语文"学科课程的年级目标。这里,我们以五年级为例(表5-1)。

---

① 中华人民共和国教育部制定.义务教育语文课程标准(2022年版)[S].北京:北京师范大学出版社,2022:4.

表 5-1 "慧心语文"五年级目标

年级	上 学 期	下 学 期
五年级	第一单元 1. 认识 24 个生字,读准 2 个多音字,会写 29 个字,会写 26 个词语,能运用查字典、归类法、游戏法等多种方法掌握字词,提高学习字词的积极性。 2. 正确、流利、有感情地朗读课文;能从整体上把握课文的主要内容。 3. 能初步了解课文借助具体事物抒发感情的方法。 4. 通过讨论交流,认识遵守规则的重要性,运用已有经验制定班级公约,并养成自觉遵守的习惯。 5. 能把自己心爱之物的样子、来历写清楚,表达自己的喜爱之情。 第二单元 1. 认识 30 个生字,读准 6 个多音字,会写 42 个字,会写 57 个词语。 2. 学习"集中注意力""不要回读""连词成句地读""抓住关键词句""带着问题读"等提高阅读速度的方法和习惯,用较快的速度默读课文。 3. 通过体会印象深刻的画面或具体的事例来感受人物的特点和品质。 4. 能抓住人物的主要特点,结合具体事例写出人物的特点。正确运用多种描写方法刻画熟悉的老师,写出真情实感。能够评价、修改同学和自己的习作。 第三单元 1. 认识 24 个生字,读准 1 个多音字,会写 25 个字,会写 32 个词语。 2. 能用较快的速度默读课文,把握课文主要内容。能以故事中人物的口吻讲故事;能丰富情节,把简略	第一单元 1. 认识 41 个生字,读准 3 个多音字,会写 18 个字,会写 10 个词语。能运用字理识字、事物归类识字等方法认识生字。 2. 正确、流利、有感情地朗读课文。边读诗句边想象诗句描写的情景,体会其中的乐趣;能根据诗歌内容,展开想象,把古诗改写成短文。 3. 能根据整理的记录有条理地表达。学会用排比的修辞手法从不同角度把事物的特点写具体。 4. 能从自己的成长经历中选择一件印象最深的事,把事情的经过写清楚。 第二单元 1. 认识 51 个生字,读准 5 个多音字,会写 26 个字,会写 17 个词语。 2. 正确、流利地朗读课文。按照起因、经过、结果的顺序概括故事的主要内容。通过人物对话,感受人物形象。 3. 初步了解阅读古典名著的方法,根据上下文猜测词句的意思,把握课文的主要内容,感受人物的特点。 4. 能主持关于"怎么表演课本剧"的讨论,引导每个人积极参与讨论,发表意见,并通过协商形成一致的看法。 5. 学会用自己的话详细讲述故事,并加上适当的语气、表情和动作。 第三单元 1. 通过猜字谜,了解汉字谐音的特点,感受汉字的趣味,产生对汉字的热爱之情。 2. 了解搜集资料的基本方法,了解关于汉字历史和现状的知识,增强使用汉字的自豪感,树立规范使用国家通用

(续表)

年级	上 学 期	下 学 期
	的地方讲具体；能配上相应的动作和表情，适当丰富故事的细节。 3. 学习缩写故事的一般方法。能缩写民间故事，做到内容完整、情节连贯、语句通顺。 第四单元 1. 认识32个生字，读准1个多音字，会写30个字，会写24个词语。 2. 领悟课文的表达特点，能结合相关资料，理解句子的含义。通过不同形式的朗读，用心感受字里行间饱含的民族精神和爱国情感。 3. 通过多种途径搜集有关资料，学习整理资料的方法，并在语文学习中加以应用。 4. 围绕主题大胆想象二十年后家乡的样子，把想象到的场景或事件完整生动地描述出来。能列习作提纲，在习作中分段叙述，把重点部分写具体，能根据同学的建议修改习作。 第五单元 1. 认识12个生字，会写20个字，会写22个词语。 2. 默读课文，把握文章主要内容，能分条记录获取的信息。初步了解列数字、作比较、举例子等基本的说明方法，能结合具体语句体会运用说明方法的好处。 3. 能初步体会说明性文章不同的语言风格。 4. 紧紧把握说明文的特点，选择恰当的说明方法进行写作。 第六单元 1. 认识31个生字，读准1个多音字，	语言文字的意识。 3. 了解汉字的演变，学习欣赏汉字书法艺术，了解汉字文化。能围绕汉字历史、汉字书法或其他感兴趣的与汉字有关的内容搜集资料，或者能调查学校、社会用字不规范的情况，写简单的研究报告。 4. 策划并开展简单的小组活动，学写活动计划。 第四单元 1. 认识28个生字，读准2个多音字，会写35个字，会写29个词语。 2. 有感情地朗读课文。能把握课文的主要内容，通过课文中动作、语言、神态的描写，体会人物的内心变化，感受革命先辈的崇高精神。 3. 能够以别人的口吻讲一讲这个故事，并能选择一种情景进行仿写。 4. 回想以前自己经历过的事情的前因后果，把这件事情写下来，并把当时的情形写具体，表现出人物的内心活动。 第五单元 1. 认识18个生字，读准1个多音字，会写30个字，会写28个词语。 2. 能结合课文描写人物的相关语句，说出人物的特点，了解可以通过描写人物的语言、动作、外貌、神态、心理等表现人物的特点，还可以通过描写他人的反应表现人物的特点，能体会这些方法的表达效果。 3. 能选择典型事例，运用语言、动作、外貌、神态、心理描写等，具体地表现人物的特点。 第六单元

(续表)

年级	上 学 期	下 学 期
	会写26个字,会写37个词语。运用字理识字、事物归类识字等方法认识生字,学会结合图画识字学文。 2. 默读课文,能通过课文描写的场景、细节,体会其中蕴含的情感,感受父母和子女之间的爱。理解题目和句子的含义,体会文中反复出现的词语的表达效果。 3. 能尊重别人的观点,对别人的发言给予积极回应;选择一个话题,用恰当的语言表达自己的看法和感受,学会与家长交流、沟通。 第七单元 1. 认识17个生字,读准3个多音字,会写25个字,会写22个词语。 2. 有感情地朗读课文,想象课文中所描绘的景象,初步体会课文中的静态描写和动态描写。 3. 按一定顺序,有条理地描写景物,注意写出景物的动态变化,使画面更加鲜活。 第八单元 1. 认识30个生字,读准6个多音字,会写23个字,会写15个词语。 2. 能借助注释,理解课文大意。能联系自己的读书体会,说出课文内容给自己带来的启发。 3. 引导学生在阅读时注意梳理信息,把握内容要点。根据表达的需要,分段表述,突出重点。 4. 体会作者从读书、作文中悟出的道理,明白阅读的重要意义,激发学生的阅读兴趣,逐步养成阅读的习惯。	1. 认识11个生字,读准1个多音字,会写23个字,会写20个词语。 2. 正确、流利地朗读课文,能根据故事的起因、经过和结果,用自己的话讲述故事内容。 3. 分角色朗读课文,读出人物说话时的语气。 4. 能借助提示,按事情发展的顺序编写一个探险故事。能展开丰富的想象,把遇到的困境、求生的方法以及心情的变化写具体。 第七单元 1. 认识26个生字,读准1个多音字,会写30个字,会写28个词语。 2. 初步了解非连续性文本的特点,并能从中获取所需的信息。 3. 学会选择一个情境,做一名小讲解员;学会列提纲,按照一定顺序讲述;学会根据听众的反应,对讲解的内容做调整。 4. 选择一处自己感兴趣的中国的世界文化遗产写一篇习作。学会查阅资料、整理资料,根据整理后的材料用自己的话写下来。学会和同学交流,根据同学的意见修改习作。 第八单元 1. 认识25个生字,读准1个多音字,会写18个字,会写9个词语。 2. 能体会课文中风趣、充满智慧的语言,并结合实际,说出自己的阅读感受。 3. 学会收集一些内容积极向上的笑话,选择两三个精彩的笑话讲给全班同学听;避免不良的口语习惯,用心倾听,做一个好的听众。

(续表)

年级	上　学　期	下　学　期
	5. 分条讲述，推荐喜欢的人物形象，并把推荐的理由说清楚。	4. 能写清楚漫画的内容和有趣之处，并借助标题或提示语，联系生活，写清楚从漫画中获得的启示。写完后，同学互换习作读一读，再根据同学的建议，认真修改。

"慧心语文"学科课程目标的设计以语文课程总目标为纲，以学科课程年级目标为导，细化、完善、健全语文学科的单元目标，在课程设置、教学设计、课堂实操等具体教学环节中以"显性目标"驱动"隐性目标"，注重目标、内容、过程、评价的一致性。

第三节　建悦动多维学习空间

语文课程的核心价值之一是使学生学会运用国家通用语言文字进行沟通交流，提高其思想文化修养，促进学生精神成长。其价值取向的不同会形成对语文学科课程建设的不同认识，进而影响课程内容的选择，并且决定课程建设者在实践中如何设置具体的课程方案。基于这样的价值取向，我校确立了"慧心语文"学科课程逻辑框架。

一、学科课程结构

《义务教育语文课程标准（2022年版）》指出："义务教育语文课程围绕立德树人根本任务，充分发挥其独特的育人功能和奠基作用，以促进学生核心素养发展为目的，以识字与写字、阅读与鉴赏、表达与交流、梳理与探究等语文实践活动为主线，综合构建素养型课程目标体系。"[1]据此，我校"慧心语文"确立了"慧心学字、慧心阅读、慧心表达、慧心实践"四个板块（图5-1）。

图中，各板块课程内容如下：

慧心学字。汉字是中华文化的载体，是中华民族智慧的结晶。在小学语文教学中，识字与写字是教师所要完成的最基础也是最重要的教学任务之一。结合学校特色办学宗旨以及语文课程标准，在慧心学字部分，我校特开设识字空间板块，通过"小字典，我会查"以及"广告纠错"等课堂活动，激发学生学字的兴趣。在教学过程中，教师注重运用灵活多样的教学方法及教学手段，帮助学生养成良好的汉字书写习惯，掌握语言文字运用规范，进而感受汉字的文化内涵，逐步发展学生的识字、写字能力。

慧心阅读。阅读是小学语文教学的重点，是培养学生核心素养的途径之一，

---

[1] 中华人民共和国教育部制定. 义务教育语文课程标准（2022年版）[S]. 北京：北京师范大学出版社，2022：2.

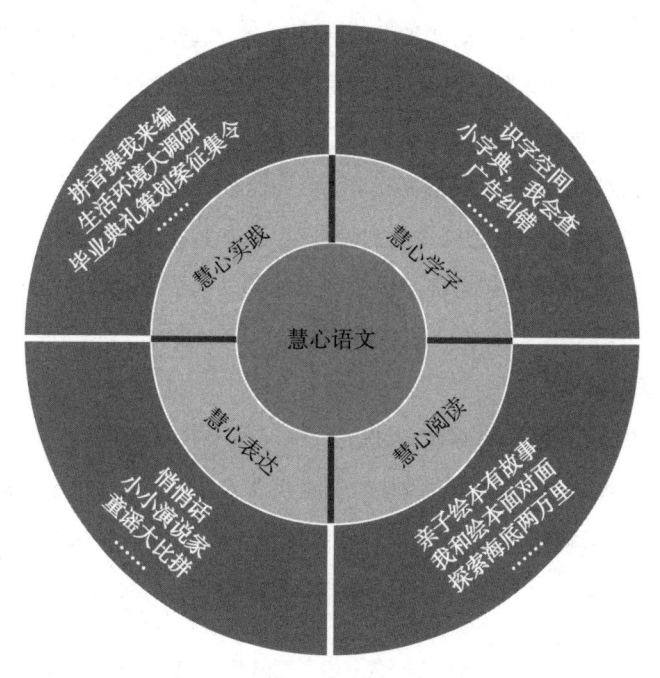

图 5-1 "慧心语文"课程结构图

基于此,我校开设了慧心阅读系列课程。通过"亲子绘本有故事""我和绘本面对面""探索海底两万里"等内容,逐步培养学生探究性阅读和创造性阅读的能力。另外,在阅读过程中,教师注重引导学生钻研文本,使学生在主动积极的思维和情感活动中,加深理解和体验,有所感悟和思考,受到情感熏陶,获得思想启迪,享受阅读乐趣。

慧心表达。学会表达是提高小学生语言素养的重要途径,在小学语文课堂上,教师应致力于帮助学生深刻认识和体验课文情节、背景、人物和情感等,并根据表达的需要善于运用口语、书面等多种方式进行交流。为此,我校开设了"我们做朋友""小小演说家""童谣大比拼"等课程,旨在通过师生、生生之间的交流互动和分享,让学生能逐步做到语言表达时有条理,语气、语调适当,注意语言美,从而培养学生的口语表达能力。其次,我校还通过"悄悄话""小故事有温情""童眼看中国"等习作表达专题课程,引导学生通过关注现实,观察生活表达真情实感。课程教学中,教师重视加强对学生练笔方法的指导,提倡写日记、书信、读书笔记等,重视引导学生在自我修改和相互修改的过程中不断提高书面表达能力。

第五章 境域性:创多向交互的体验域　119

慧心实践。语文实践是语文教学的活动组合,在教学过程中教师要创设连接生活的学习任务,将课内知识进行梳理整合,引导学生积极探究并在社会生活中学会运用。因此,我校通过开设"拼音操我来编""制作易错生字卡"和"创意思维导图分享交流会""毕业典礼策划案征集令"等课程,让学生在课程活动中学会整理所学知识,通过多种活动形式进行讨论探究,最终提出问题并解决问题,从而培养学生用所学到的语文知识解决生活中与之相关的问题的能力。

二、学科课程设置

"慧心语文"课程是针对在校学生实践情况量身打造的课程。所有课程依据各年级学生学情,由浅入深,循序渐进,贯穿低中高三个学段,根据不同学段的知识储备和学生需求编制不同的内容,由各年级段的任课老师组织实施。具体课程设置如下(表5-2)。

表5-2 "慧心语文"课程设置表

学期课程		慧心学字	慧心阅读	慧心表达	慧心实践
一年级	上学期	识字空间	我和绘本面对面	悄悄话 我们做朋友	拼音操我来编
	下学期	小字典,我会查	亲子绘本有故事	看图写话 拼音我能行	大手拉小手制作易错生字手卡
二年级	上学期	"典"燃梦想,部首帮忙	和米小圈一起去上学	看图写连贯的话 童谣大比拼	生活中探究汉字奥秘
	下学期	我是小小邮递员	和小王子一起去旅行	看图编故事 童眼看中国	我的立体折叠绘本
三年级	上学期	诵写优秀诗句	爱的教育 感受爱	说说我和我的家 小故事有温情	创意思维导图分享交流会
	下学期	广告纠错	伊索寓言懂道理	介绍一处文化古迹	爱上甲骨文
四年级	上学期	词语接龙	走近曹文轩爷爷	用书信进行慧心识图交流	经典诗词大比拼
	下学期	硬笔书法比赛	探索海底两万里	续写童话故事 小小演说家	读中国传统故事精心绘制手抄报

(续表)

学期课程		慧心学字	慧心阅读	慧心表达	慧心实践
五年级	上学期	诵读经典学习汉字	参观沈石溪叔叔的动物世界	会写建议书 我来读名著《水浒传》	我是影评人 电影中的英雄人物
	下学期	毛笔书法比赛	来到高尔基爷爷的童年世界	互改习作共进步 故事会《经典故事大全》	生活环境大调研
六年级	上学期	诵写经典古文	读读《三国演义》	会议记录促成长 朗读者《诵读》	知心姐姐的回信
	下学期	重回拼音王国	跟鲁滨逊去漂流	习作显身手 我是演员	毕业典礼策划案征集令

语文是生命存在的形式,语文教育者眼中要有人的意识,关注生命,尊重生命。"慧心语文"课程设置,根据基础性课程和拓展型课程,依托学校特色资源、教师、学生及其他方面,分为学字、阅读、表达和实践四大类,遵循学生发展规律,着眼于全面提高学生的语文核心素养。

第四节　与情境语文深度遇见

根据《义务教育语文课程标准（2022年版）》的要求："义务教育语文课程实施从学生语文生活实际出发，创设丰富多样的学习情境，设计富有挑战性的学习任务，激发学生的好奇心、想象力、求知欲，促进学生自主、合作、探究学习。"[①]"注重语文与生活的结合，注重听说读写的内在联系，追求语言、知识、技能和思想情感、文化修养等多方面、多层次发展的综合效应。"[②]基于上述认识，"慧心语文"通过建构"慧心课堂"、打造"慧心社团"、开展"慧心阅读"、举办"慧心书法"活动、搭建"慧心舞台"等多种路径推进课程实施。依据学情，由浅入深，分年级、分学期实施。

一、建构"慧心课堂"，提升语文课程品质

教师在引导学生学习语文，进行语言文字听说读写训练的同时，也须融入认知教育、情感教育和人格教育。这也对语文教学提出了更高的要求，不仅要求学生最终能掌握基本的学科知识，还需提高他们的语文素养与人文情怀。因此，为弘扬人文精神，变单一语文课堂教学为知、情、意统一的课堂教学，并结合我校历史、文化、语文学科实际情况，我们特提出"慧心课堂"的理念。

（一）"慧心课堂"的内涵与实施

"慧心课堂"是目标切实、内容广阔、过程灵动、方法多样，能提高人文素养的课堂，是扎根于基础、发展于未来、有益于学生的课堂。

"慧心课堂"是目标切实的课堂。课程学习目标的确立，在学习过程中起着方向性和决定性的作用。有了明确的学习目标，学生才能有效率地完成学习。在目

---

① 中华人民共和国教育部制定.义务教育语文课程标准（2022年版）[S].北京：北京师范大学出版社，2022：3.
② 中华人民共和国教育部制定.义务教育语文课程标准（2022年版）[S].北京：北京师范大学出版社，2022：45.

标切实的"慧心课堂"中,学生能获得基本的学科知识。学习目标的整体实现,能提高学生的语文素养,它对学生全面、持续、和谐发展有着重要的意义。总而言之,学习目标的确立能让学生在一系列的学习活动中明确方向,也便于测量学习效果。

"慧心课堂"是内容广阔的课堂。教师需要关注学生身心特点,注重素材趣味化,突破以往古板、枯燥的教学内容,让语文课堂焕发生命与活力。在教学过程中,教学素材是必不可少的,既包括教科书,也包括参考资料,其至包括教师与学生的其他课程资源。这些内容要力求贴近学生年龄、心理特点,让学生不仅把握知识,更体会到语文学习的趣味,喜欢语文学习。

"慧心课堂"是过程灵动的课堂。语文教学活动,应该激发学生的学习兴趣,引发学生思考,鼓励学生发展创造性思维。"慧心课堂"突出学生的主体地位,引导学生大胆实践、积极交流,勇于展示个性化观点。教师要以学生的认知发展水平和已有经验为基础,面向全体学生,精心设计和组织教学活动,重视启发式、讨论式教学。

"慧心课堂"是方法多样的课堂。"慧心课堂"中教师不是进行模式化的教学,而是根据学习内容,帮助学生选择恰当的学习方式,并体现学习方式的灵活性、多样化的教学。教师要根据学生在课堂上的表现和学习效果变化来不断地调整教学方法,以调动学生的积极性,鼓励不同层次的学生进行个性展示。同时,教师要注意信息技术与课程内容的整合,开发并向学生提供丰富的学习资源,提高课堂实效性。

"慧心课堂"是提高人文情怀的课堂。语文课堂通过一篇篇凝聚着作家灵感、激情和思想——代表人类创造的精神财富的文章,潜移默化地影响一个人的情感、情趣和情操,影响一个人对世界的感受、思考及表达方式,并最终积淀为精神世界中最深层、最基本的东西——价值观和人生观。"慧心课堂"旨在使学生的心灵得以交流、撞击、放飞,得到生命的满足,找到生命的意义,丰富学生的精神家园。

总之,"慧心课堂"是把知识拓展、日常生活等各方面的资料引进课堂,丰富课堂内容与创新的一种课堂形式;它体现了语文知识与生活的融汇、迁移,体现了情感、态度、价值观的转化,体现了学生心灵与生命的成长,是语文素养的综合体现。

构建"慧心课堂",让语文课堂由重讲授、重做题、重结果向重活动、重生活、重素养改变,而这些改变需要多方面的努力与实施。具体措施如下:

开展集体备课,推进校本教研。学科组长带领学科教师定期进行集体备课活动,集合众长,推进学校校本教研。在课堂教学中,充分利用各方面资源,始终以"慧心课堂"为核心,开展不同形式、不同主题、不同目的的语文拓展课,在不断实践、反思中提升课堂品质。

创新课堂形式,领悟生活本真。语文学习不仅应能满足学生的心理、情感、精神、审美等多方面价值的需要,还应让学生形成自己独特的理解和感悟。在不断的教学实践中,教师要始终以"慧心课堂"为核心,创新多种课堂形式,如"翻转课堂""主体式课堂""探究式课堂""合作式课堂""问题式课堂"等。此外,"慧心课堂"充分发挥学生的主体性、创造性,创设时政播报、小组辩论赛、读书卡片、趣味改编等活动,通过专题学习等方式,让学生从听、说、读、写等方面全方位展示自己,从而增加学生语文实践的机会。创新课堂形式,全面提升学生的语文素养,让学生在新颖有趣的课堂活动中,对语文与生活的联系有更深刻的理解。

注重潜移默化,引领价值观导向。语文课堂涉及人文性及知识性,让学生树立起良好的道德情操,最终形成积极正确的人生态度及价值观,这是语文课堂至关重要的内容。"慧心课堂"根据语文学科的特点注重熏陶感染、潜移默化,把与课堂相关的思想道德等方面的内容渗透于日常的教育教学过程之中,并与实际生活相结合,让学生在学习语言知识及提高语文能力的同时树立正确的价值观。

(二)"慧心课堂"的评价标准

根据"慧心课堂"的内涵特点,学校从教学目标、教学内容、教学过程、教学方法及人文情怀方面,制定了"慧心课堂"评价标准,促进教师专业发展,引领课堂发展方向(表5-3)。

表5-3 "慧心课堂"评价量表

评价项目	评 价 内 容	得分
目标切实 (20分)	1. 学习目标基于学科素养和课程标准,符合校情学情,具体明确,操作性强,体现知识技能、思想方法的统一,突出活动性和实践性。 2. 在学习目标的基础上形成清晰的任务单。	

(续表)

评价项目	评价内容	得分
内容丰富 (20分)	1. 学习内容注重情境化、生活化、活动化,引导学生创造性地使用教材。 2. 通过整合相关学科知识,帮助学生对学习内容进行精深加工,学会构建知识框架,能够联系生活实际。	
过程灵动 (20分)	1. 突出学生的主体地位,引导学生大胆实践、积极交流,勇于展示个性化观点。 2. 通过变式训练拓展学生思维,鼓励不同层次的学生进行个性展示,发展求异思维,引导学生广泛参与课堂学习。	
方法多样 (20分)	1. 能根据学习内容,帮助学生选择恰当的学习方法,并体现学习方法的灵活性、多样化。 2. 从关注"教"走向关注"学",注重学法和策略指导。能适时有效地介入课堂,精讲点拨,变式拓展。	
人文情怀 (20分)	1. 通过语言文字的学习,体会中华文化的博大精深,增强文化自信,理解、认同、热爱中华文化,继承弘扬传统文化。 2. 通过文学作品诵读,吸收人类文化的精华,并提升自己的文化自觉,树立积极向上的人生理想,增强社会责任感和使命感。	
综合评价		

二、打造"慧心社团",发展儿童兴趣爱好

社团活动是校园文化的重要载体,是学生发展身心、拓宽兴趣、开阔视野的阵地,也是展示学生个性、发展特长、内化能力的第二课堂。丰富多彩的社团活动,不仅能充分发挥学生的个性风采,还有利于塑造学生完善的人格。我校语文学科开展多种多样的社团活动,满足学生个性化发展需求,培养灵动活泼的小学生。

(一)"慧心社团"的内涵与实施

"慧心社团"是基于不同学生的个性特点,为学生创设丰富的语文实践环境,以提高学生语文素养为目的的社团活动。在学科组成员的共同商议之下,我校创办"慧心文学社""慧心国际文化社""慧心国学课堂"等语文社团,涵盖优秀习作、朗诵训练、国学课堂等领域。

"慧心文学社"通过组办编辑部、共读经典书籍、开展诗语会话等活动,带领孩子们品诗赏文,进行阅读分享,开展习作训练,帮助学生提高阅读兴趣,提升阅读能力,激发写作兴趣,进而增强学生的思维能力、审美能力、创造能力,全面提高学生素质,开阔学生阅读的视野。

"慧心国际文化社"聚焦全球文化,一个小组研究一个国家,共同搜集资料,通过多种方式进行展演、汇报,加强学生的国际理解教育,推动跨文化交流,开阔国际视野,理解多元文化,促进学生全面发展。

"慧心国学课堂"以陶冶情操,培养审美能力,全面提高学生核心素养为目的,通过诵读经典、抄写经典、积累经典、演唱经典、比赛经典等形式让经典文化深植于学生内心,让优秀的中华文化和民族精神在学生的心灵中不断地产生潜移默化的作用,润物无声地陶冶其性情。

基于以上社团的开展,我校语文组制定了相应的社团评价方案、学生社团管理制度等,努力使社团工作有章可循,逐步摸索出贴近学生实际需求、符合学生社团发展规律的方法。

(二)"慧心社团"的评价标准

为保证社团有效果、出成绩,学校特制订了相应的活动评价标准,主要从社团课程规划、活动过程、活动效果等维度进行评价。具体评价标准如下(表5-4)。

表5-4 "慧心社团"活动评价表

评价项目	分值	评 价 标 准	评分 自评	评分 校评
课程规划	20分	有规范的社团章程和管理制度,有教学计划、教学总结。教学计划任务明确、重点突出、安排得当,教学总结全面清晰、内容详尽。(10分)		
		有活动场所,社团内组织机构规范、健全。指导教师能够合理有效地指导学生进行社团建设。(10分)		
活动过程	40分	社团目标明确,主题积极健康,内容丰富,形式多样。每学期活动不少于15个课时,过程资料详实。(20分)		
		每学期进行1次校内交流展示。学生参与度高,气氛热烈,能充分发展自我特长,在互动中提升自己。(20分)		

(续表)

评价项目	分值	评价标准	评分	
			自评	校评
活动效果	40分	积极参加学校组织的各项活动,并积极参加各级比赛。(20分)		
		呈现的作品有特色,有亮点。(20分)		
总体评价				

三、开展"慧心阅读",丰富儿童阅读经历

让阅读成为素养,让阅读形成习惯,让阅读变成兴趣,让阅读助力成长。为进一步加强书香校园建设,丰富校园文化生活,努力营造积极向上、健康文明的生态校园文化氛围,我校举办了"慧心阅读"系列活动。

(一)"慧心阅读"的内涵与实施

"慧心阅读"是启悟心灵的阅读。通过阅读激发师生尤其是全体学生的阅读热情,增长知识,启发思考,领悟感情,陶冶情操,充实学生文化底蕴,提高学生综合素质。"慧心阅读"通过开展读书活动,提高学生阅读量,使学生在阅读中培养兴趣,逐步养成阅读习惯。

开展"慧心阅读"活动可以带领师生一起体验生命的活力,提高生命境界。具体内容如下:

设立"校园读书月"。根据世界读书日的倡导,设立每年的四月为"校园读书月"。学期伊始,拟定活动方案,定主题、定书目,并于三月底举行启动仪式,通过多种渠道进行宣传,营造良好的活动氛围。阅读月倡导师生、家长共读一本书,四周内读完。

开展"读书交流周"。阅读期间,以年级为单位,根据教学进度,选择每学期的第八周举行读书分享活动,每班各挑选10名代表,积极分享阅读中的感受以及阅读方法、阅读小故事等,进一步激发学生的阅读兴趣。

设定"阅读实践日"。根据活动要求,选择固定的一天参与一次与主题相关的实践活动,进一步感受文化的厚重,领略独特的风土人情。

举办"阅读风采展"。学生通过读、写、绘等方式,每人完成一份作品,可以手抄报、手写绘、读后感、录视频等方式进行书目推荐等,争取让每一位孩子都能以

自己喜欢的方式对这次的阅读进行一次总结,优秀的作品将在开放日进行集中展示,由学生代表、家长代表投票选出自己最喜欢的作品。

举行"阅读表彰会"。对阅读活动中表现优异的学生、班级、家庭进行表彰,让阅读成为学生生活中的良好习惯。

(二)"慧心阅读"的评价标准

"慧心阅读"活动以提高学生阅读兴趣、培养学生人文素养、发展学生人文情怀为目的,基于此,我校建立了合理的评价体系(表5-5)。

表5-5 "慧心阅读"活动评价表

评价项目	评价要点	权重	评价标准	得分
活动目标及内容	目标明确	5	符合学校育人目标,与学校课程目标相对应。	
	符合认知	5	贴近学生,符合学生的认知特点。	
	内容丰富	5	结合各项活动,课内与课外相结合。	
活动方法及活动实施	组织形式	5	形式多样,符合学生成长规律。	
	活动方法	5	激发兴趣,以专题系列活动为主。	
	指导方法	5	指导适量,方法得当。	
	活动要素	10	活动方案详实,活动组织得力。	
	活动步骤	10	活动步骤详实,过程紧凑。	
活动效果	学生自主性	20	活动充分体现学生的自主性,学生参与整个活动的方案筹备、活动过程和活动评价的各个环节。	
	学生能动性	15	学生参与面广,活动参与过程积极。	
	学生创造性	15	活动方法多样,有相应的活动成果。	

四、推进"慧心书法",激发学生书写兴趣

为提高我校学生汉字书写能力,推动书法艺术的普及,引导全校师生重视规范汉字的书写教育,学校特地举办了"慧心书法"活动。

(一)"慧心书法"的内涵与实施

"慧心书法"活动可以让学生感受中华文化的丰厚博大,吸收民族文化智慧和人类优秀文化的营养,培养学生热爱祖国语言文字的情感,了解书法的艺术价值

和实用价值,充分认识学习和继承书法艺术的重要性。具体内容如下:

开设"午写课堂"。以班级为单位,以教室为阵地,每周安排两天,每天抽出 15 分钟为学生写字时间。午间写字活动统一使用学校发的练字本,以硬笔书法为主,描红和临摹、教师示范与学生模仿相结合。午间写字教学活动以学生写字为中心,练字内容、具体字数由指导教师依据本班学生情况制定,教师对学生进行"示范—练习—辅导—再练习"的指导,坚持周周有练习,从而培养学生正确的书写习惯,提高学生的汉字书写水平。

举行"作品展评"。开设学生书法作品展览专栏,定期展示学生的书法作品,营造班级书香文化氛围。黑板报、学习园地等班级的每一处、每个角落都可以开展"书法园地",力争全体学生的练字成果全部展示。学生周周练,班级月月评,依据书法艺术的审美情操和教科书书写提示的评价标准,班级全体学生自行展开评比,指导教师对写字有进步、书写有特色的学生进行表彰,激发学生的写字热情,营造浓浓的书法氛围。

举办"书法节"。学校每学期举办"书法节"活动,各班组织本班学生参加,让班级的"写字小明星""小小书法家"脱颖而出。参与学生及班级再次进行全校的优秀书法作品评比和书法特色成果展览,并评选出书法优秀作品及班级。在校园内,利用墙壁、橱窗、画板等,介绍书法常识,展览书法作品,提升学生的书法审美情趣,打造独特的校园书法文化。

(二)"慧心书法"的评价标准

一个好的活动顺利实施,必须有一套系统的评价方案与之相配合,这样才能使其发挥出最好的作用。"慧心书法"活动从以下几个方面对学生表现进行评价(表 5-6)。

表 5-6 "慧心书法"活动评价表

评价项目	评价要点	评价内容	分值	得分
活动目标 (20 分)		体现新课标,要求符合学生实际,做到知识与情感、结论与过程、教书与育人相结合。	10	
		教学内容科学合理,联系生活实际,创造性地处理教材。	10	

(续表)

评价项目	评价要点	评价内容	分值	得分
活动实施 (50分)	组织	课堂结构合理,条理清晰。	10	
		活动组织有条不紊,课堂民主开放,师生互动、生生互动。	10	
	引导	面向全体学生,注意每个学生的特点和需求,努力创设适宜的活动环境,组织引导有序。	5	
		注重教育性,富有启发性,突出实效性,能有效开发现场资源。	5	
		注重学生学习方法和过程的指导,注重学生在广泛的文化背景中开展书法学习,培养学生的审美能力,涵养人文精神。	10	
	参与	激发学生学习书法的动机和兴趣,全员主动参与,能提出有意义的问题或发表个人见解。	5	
		乐于合作、探究,自主学习交流,充分实践。	5	
活动效果 (30分)		学生能积极主动参与书法学习活动。	10	
		情感体验充沛,不同程度的学生得到相应的发展。	10	
		学生掌握了基本知识、基本技能,作业表现良好。	10	

五、搭建"慧心舞台",锻炼儿童表现能力

语文教学离不开教学实践活动。随着素质教育的推广,语文教学实践活动越来越受到学校的重视和儿童的喜欢。引入艺术化的语文教学实践活动,打造寓教于乐的第二课堂,可以丰富拓展语文知识,将语文知识转化为语文能力。因此,我校基于语文、艺术和思想品德等学科,搭建"慧心舞台",锻炼儿童表现能力。

(一)"慧心舞台"的内涵与实施

"慧心舞台"是集语文教学与艺术熏陶于一体的舞台,既是享受教育的舞台,又是充满乐趣的舞台。"慧心舞台"重在培养儿童的活动能力、组织能力、创造能力、口语表达能力和舞台表演能力,培养儿童合作学习、探究学习的精神,加深儿童对教材、生活的理解,增加其与教材、社会的互动,多方位地汲取文化营养,进而提高学生的综合素质。

搭建"慧心舞台",有利于巩固课堂教学成果,让儿童在实践中获取知识、培养能力、陶冶情操。具体实施如下:

剧香校园,课本剧展演。课本剧是对传统接受式学习的一种变革,旨在让儿童于编排节目的过程中获得一种积极的学习体验,受到新方法的熏陶。在选剧本、编写剧本台词、表演故事情节等过程中,学生的语文核心素养能够得到有效锻炼,学生能够感受到不一样的语文,进而感受到语文的魅力。课本剧展演分为四个阶段:组建课本剧小组,确定改编课文;引导学生编写课本剧,提升习作能力;组织表演课本剧,提升语言能力;组织参加课本剧比赛,争取演出名额。

经典流传,诗词朗诵。小学语文课程是传播中华优秀传统文化的重要途径,是继承中华民族优良传统的重要途径,教师要根据教学内容深挖教材,深入挖掘教材内涵,让经典流传,浸润学生心田。学校可以根据专题或者题材、体裁进行划分,并举行诗词朗诵大赛,让学生自主选择个人或团队合作的方式,可配上音乐和肢体动作,让学生在诵读、吟唱等方式中品悟国学经典的韵律美和意境美。

共享阅读,好书推荐。语文教学就是带着儿童阅读,培养儿童"多读书、读好书、好读书"的良好习惯。学校以班级为单位进行宣传,面向全体儿童征集好书推荐,儿童可选择以图文并茂、演讲、文字等方式推荐书目,最后学校以展板、海报、广播等方式宣传推广。

谁与争锋,故事擂台。儿童的世界充满故事,讲故事可以激发儿童学习兴趣,提高演讲与口才的表达能力。活动先以年级为单位进行选拔,再面向全校进行争锋比赛,在规定的时间内按照要求完成故事讲述。

(二)"慧心舞台"的评价标准

"慧心舞台"的评价要遵循儿童身心发展特点和规律,活动具体评价标准如下(表5-7)。

表5-7 "慧心舞台"活动评价表

评价项目	评价标准	分值	得分
活动目标	内容符合学校育人目标,与学校课程目标相对应,贴近生活,贴近儿童,内容积极健康。	20	

(续表)

评价项目	评价标准	分值	得分
活动实施	普通话标准,语言流畅、清晰,语调符合人物性格。	15	
	服装朴素大方、符合剧情。	15	
	仪态落落大方、自然;手势与内容相符,能表现人物性格。	15	
	感情基调与故事内容相符,感情流露自然得体。	15	
活动效果	在实践中培养学生的活动能力、组织能力、创造能力、口语表达能力和舞台表演能力,以及合作学习、探究学习的精神。	20	

我们通过语文学科特色课程建设来满足学生的成长需要,促进教师专业发展,打造学校特色品质课程体系。我们以师生的"生命成长"为根本,积极构建师生相互尊重、相互关爱的和谐融洽关系,让学校的每一位教师构建和谐教育、幸福的从教理念,让每一位学生因学校的教育而拥有更宽广的未来。

(撰稿者:朱建婷　彭博　张旭　刘宁　周慧颖　王惠利)

第六章
体涉性：在动态共生中扩展思维

　　儿童的学习是一个从未知到已知、从陌生到熟悉的渐进过程，此过程需要儿童的身体全面涉入其中。因此，具身语文课程的实施也是处于动态生成的场域中，不是固定的、机械的、模式化的，而是儿童与教师、环境等因素之间通过对话交流而产生的超出学习预期之外的经验，是一个动态加工、不断重构的生成性过程。我们在注重教学预设性的同时，追求生成性教学的实践价值，落实"从做中学"，帮助儿童在动态生成中体验，为儿童的生命成长插上翅膀。

郑州市管城回族区港湾路小学现有语文教师50人,其中中小学高级教师2人,河南省骨干教师5人,郑州市骨干教师3人,管城区骨干教师4人,是全校人数最多的一个学科团队。团队教师教学工作一丝不苟,勇于创新,努力开展各类教育教学活动,积极搭建学科课程建设实施平台。根据《教育部关于深化课程改革落实立德树人根本任务的意见》《义务教育语文课程标准(2022年版)》的相关要求,我校在推进语文学科课程群建设上取得了显著的成效。

第一节　让语言学习动起来

一、学科性质

《义务教育语文课程标准(2022年版)》指出:"语文课程是一门学习国家通用语言文字运用的综合性、实践性课程。工具性与人文性的统一,是语文课程的基本特点。语文课程应引导学生热爱国家通用语言文字,在真实的语言运用情境中,通过积极的语言实践,积累语言经验,体会语言文字的特点和运用规律,培养语言文字运用能力;同时,发展思维能力,提升思维品质,形成自觉的审美意识,培养高雅的审美情趣,积淀丰厚的文化底蕴,继承和弘扬中华优秀传统文化、革命文化、社会主义先进文化,增强对习近平新时代中国特色社会主义思想的理解和认识,全面提升核心素养。"[1]

据此,我们认为,语文课程培养的核心素养是学生在积极的语文实践活动中积累、建构并在真实的语言运用情境中表现出来的,是文化自信和语言运用、思维能力、审美创造的综合体现。

二、学科课程理念

依据《义务教育语文课程标准(2022年版)》,结合学校语文学科的实际情况,培养学生核心素养的形成与发展,遵循学生身心发展规律和核心素养形成的内在逻辑,强化语文学科的育人功能,以语文实践活动为主线,促进学生德智体美劳全面发展,我校提出"畅享语文"学科课程理念。"畅享"是一种感受,是一种体验。"畅享语文"旨在追求以畅促学、以享促思,通过语文实践活动使儿童形成习惯的养成、快乐的享受、文化的自信、信念的坚定以及对理想的憧憬。

---

[1] 中华人民共和国教育部. 义务教育语文课程标准(2022年版)[S]. 北京:北京师范大学出版社,2022:1.

"畅享语文"是立足生活的语文。"畅享语文"从儿童的生活出发,充分发挥儿童学习的主动性、积极性,保护儿童的好奇心、求知欲,让儿童在学习、生活中自主阅读,自由表达,发现语文可以让生活更美好、更方便,体验到成就感。

"畅享语文"是创设情境的语文。"畅享语文"着眼于学生识字与写字、阅读与鉴赏、表达与交流、梳理与探究四个方面的能力训练,引导学生通过绘本阅读、诗歌诵读、经典品读等多样的课堂活动,体会、把握、运用语言文字,让学生在语文世界中收获丰富的情感体验,让学生在课堂上有所得有所获。

"畅享语文"是立德树人的语文。"畅享语文"致力于为儿童形成正确的世界观、人生观、价值观,以及形成良好个性和健全人格打下基础,促进其德智体美劳全面发展,建立文化自信,培育时代新人。

总之,"畅享语文"致力于全体儿童核心素养的形成与发展,为儿童学好其他课程打下基础;旨在通过多彩、立体的课程设置,让儿童在语文学习中感受语文的美好,感受中国语言文字的魅力,获得丰富的情感体验,发挥语文课程的多重功能和奠基作用。

第二节　享语文的生成之美

《义务教育语文课程标准(2022年版)》指出:"语文课程围绕核心素养,体现课程性质,反映课程理念,确立课程目标。"[1]"核心素养是学生通过课程学习逐步形成的正确价值观、必备品格和关键能力,是课程育人价值的集中体现。义务教育语文课程培养的核心素养,是学生在积极的语文实践活动中积累、建构并在真实的语言运用情境中表现出来的,是文化自信和语言运用、思维能力、审美创造的综合体现。"[2]因此,从"核心素养"这一概念出发,我校语文课程目标体系分为学科课程总体目标和学科课程年级目标。

一、学科课程总体目标

我校语文学科课程总体目标是引导学生从识字与写字、阅读与鉴赏、表达与交流、梳理与探究四个方面去发现、表达、感悟,享受创造语文的美好。

识字与写字主要培养儿童学会汉语拼音,能说普通话;累计认识3 000个左右常用汉字,其中会写约2 500个字;养成良好的书写习惯,做到书写姿势正确,能正确工整书写汉字,力求美观,做到行款整齐,有一定的速度;使儿童在识字与写字的过程中掌握汉字的基本笔画和常用部首,感受汉字的构字组词特点及文化内涵。

阅读与鉴赏,指导儿童学会运用多种阅读方法,培养儿童拥有独立阅读能力。能阅读日常的书报杂志,初步鉴赏文学作品,能借助工具书阅读浅易文言文。让儿童增加阅读量,扩展阅读面。感受语言文字的美,感悟作品的思想内涵和艺术价值,能结合自己的经验,理解、欣赏和初步评价语言文字作品,丰富自己的情感体验和精神世界。能借助不同媒介表达自己的见闻和感受,学习发现美、表现美

---

[1] 中华人民共和国教育部. 义务语文教育课程标准(2022年版)[S]. 北京:北京师范大学出版社, 2022:4.
[2] 中华人民共和国教育部. 义务语文教育课程标准(2022年版)[S]. 北京:北京师范大学出版社, 2022:4.

和创造美,形成健康的审美情趣。

学会倾听与表达,听人说话认真、耐心,乐于表达,与人交流能尊重和理解对方,敢于发表自己的意见。养成留心观察周围事物的习惯,珍视个人的独特感受,积累习作素材,学写读书笔记,能写简单的记实作文和想象作文,学写常见的应用文,内容具体,感情真实。修改自己的习作,并主动与他人交换修改,做到语句通顺,行款正确,书写规范、整洁,习作要有一定速度。根据表达需要,正确使用常用的标点符号。

梳理与探究,要学会分类整理学过的字词,发现所学汉字形、音、义和书写的特点,发展独立识字能力和写字能力。要学会跨媒介阅读与运用,初步了解查找资料、运用资料的基本方法,解决与学习和生活相关的问题。尝试写简单的研究报告,策划简单的校园活动和社会活动,学写活动计划和活动总结,开展专题探究活动。

二、学科课程年级目标

我校依据《义务教育语文课程标准(2022年版)》,结合教材、教参以及学校语文学科实际情况,制定了语文学科课程年级目标,以六年级为例(表6-1)。

表6-1　语文六年级课程目标表

年级	课程目标	
	上学期	下学期
六年级	第一单元: 1. 朗读课文,品味优美的语言,通过背诵、练笔等形式不断丰富学生的语言积累,学习并掌握课文中出现的生字和生字组成的词语。 2. 通过课文中优美的语言文字,引导学生入情入境地朗读课文,在读中展开想象,感受言语的魅力。 3. 让学生在大量阅读中,进一步学会根据所读的内容进行想象,发展学生的想象思维,提升学生的想象能力。	第一单元: 1. 会写34个字,会写38个词语。 2. 能分清课文内容的主次,了解课文的详略安排及其效果,体会详写主要内容的好处。 3. 有感情地朗读课文;背诵古诗。 4. 体会课文不同的语言风格,感受丰富的民俗文化。通过活动,了解一些我国传统节日的由来,了解与传统节日有关的故事,激发民族自豪感和热爱中华民族的美好情感。 第二单元:

(续表)

年级	课程目标	
	上学期	下学期
	4. 通过对山水田园诗歌的学习,体会诗人的思想感情。初步感知山水田园诗歌所蕴含的魅力,激发学生欣赏山水田园诗歌的兴趣。 第二单元: 1. 认识28个生字,读准"沉着、绷、千钧一发"3个多音字词,会写由28个生字组成的词语,积累"逶迤、磅礴、崎岖"等词语。 2. 通过朗读及段落的品味,深入理解课文内容,体会人物的品质。感受革命先辈们爱国奉献、自我牺牲的精神,懂得珍惜现在的生活。 3. 结合课后习题,学习运用点面结合的方法来描写场面。 4. 了解书法家的风格特点及书法评价标准,并能进行简单的书法练习,在书写中体会汉字的优美,培养学生对传统艺术和传统文化的热爱。 第三单元: 1. 会写29个字,积累"疲倦、疙瘩、威风凛凛"等词语。 2. 学会根据不同的任务采用不同的阅读方法来阅读课文。掌握科普文章的阅读方法;了解常见的说明方法。 3. 感受分条列举法的好处;感受诗歌的文字美和哲思美。试着在写事物时融入感情,表达看法。 4. 会制作简易的风筝,感受传统玩具的魅力。 第四单元: 1. 认识28个生字,会读13个字,	1. 会写15个字,会写20个词语。 2. 能借助作品梗概,了解名著的主要内容。 3. 能就印象深刻的人物和情节交流感受,对人物做出评价。 4. 能产生阅读原著的兴趣并学写故事梗概,能引用原文使自己的观点更有说服力。 第三单元: 1. 会写19个字,正确读写29个词语。 2. 正确、流利地朗读课文,理解课文内容,体会作者的思想感情。 3. 感受《匆匆》中的语言美,领悟作者的表达方法,感悟光阴荏苒,体会作者的真情实感。 4. 感受《那个星期天》中生动细腻的心理描写,把握文章以孩童的视角观察、感受生活的叙事方式,体会作者这一天的心情变化。 5. 留心生活中的真情瞬间并记录下来。倾情演绎、真情流露。 第四单元: 1. 会写并掌握28个生字,正确读写37个词语。 2. 正确、流利地朗读课文,理解课文内容,体会人物品质。 3. 学习并背诵《古诗三首》,学习托物言志的表达方法;学习《十六年前的回忆》,了解前后照应的写法,关注人物神态、语言和动作的描写,体会革命先驱李大钊同志的高贵品质;学习《为人民服务》,初步感知议论文的写作方法,树立为人民服务的精神;学习《金色的鱼钩》,体会老班长忠于革

第六章 体涉性:在动态共生中扩展思维   139

(续表)

年级	课程目标	
	上学期	下学期
	会写25个字,积累"祭奠、忐忑不安、魁梧、嗤笑"等词语。 2. 正确、流利地朗读课文,感受小说的基本要素,掌握小说中通过人物语言、动作、心理活动等刻画人物形象的方法。 3. 通过本单元学习,感受主人翁光辉形象,让学生心灵接受洗礼。 4. 进一步掌握小说三要素。感受小说情节的一波三折,尝试编写小说。 第五单元: 1. 掌握本单元的生字新词。 2. 阅读课文和拓展阅读,能找出作品中的中心句,明白作者的写作意图(即立意),学习并体会作者是如何立意的。 3. 强化"围绕中心意思写"的习作意识,确定立意后,能从众多材料中围绕中心意思选取最有价值的习作材料,并积极运用到习作实践中。 4. 了解中国汉字的起源及演变。开展各种活动,感受中华汉字魅力。 第六单元: 1. 自主学习14个生字,有感情地朗读、背诵积累经典诗文。 2. 能抓住关键词句,把握文章内容,了解作者表达的观点,赏析文章情感,体会文章观点的含义。 3. 能简洁明了、有根有据地表达自己的观点,并能尊重不同的意见。 4. 了解"五行、五谷、五音、五彩"指代的内容。了解一些中国古代文化常识,感受传统文化的博大精深。 第七单元:	命、无私奉献的品质。 第五单元: 1. 会写24个字,正确读写37个词语。 2. 正确、流利地朗读文言文,注意朗读停顿,能背诵文言文。 3. 能对照《文言文二则》中的注释,知晓每句话的意思,再连起来说说故事的内容;明白《表里的生物》中"我"是一个怎样的孩子,领会用具体事例说明观点的方法。 4. 阅读科学小故事,写一写自己的收获和体会,讨论交流阅读心得。 第六单元: 1. 指导学生选择活动主题,制定活动计划。了解几种文体的特点,把握文章的主要内容。 2. 体会作者对老师深深的感激和崇敬之情,以及老师和同学之间的依依惜别之情。 3. 懂得科学、文明上网的重要性。 4. 通过活动,感恩母校,感恩同学、老师的六年陪伴。

(续表)

年级	课程目标	
	上学期	下学期
	1. 掌握重点字词,正确流利地朗读课文,理解课文内容。 2. 了解作者借助联想与想象抒发感情的方法,感受艺术之美。运用这种方法写出自己对一项绝活的感受。 3. 依据双线主题选择一组文章,学生通过多层次、多侧面、多形式地阅读,在类比、求同中提升自己的分析能力,培养高阶思维。 4. 了解中国国粹——京剧、书法等艺术特色,接受传统文化的熏陶,体会传统文化的艺术价值,增强民族认同感和文化自信。 第八单元: 1. 学会本单元的 23 个生字新词,能够联系上下文,结合生活经验,理解古今不同用法的生僻词语的意思。 2. 领悟文中借事写人、抒发自己情感的写作方法,并学以致用,完成习作《有你真好》。 3. 学习浏览,有目的地搜索信息,形成对鲁迅先生的整体印象,尝试通过小组合作完成"作家卡片"或者"作家海报"。学习鲁迅先生爱憎分明、先人后己等美德。 4. 查找鲁迅先生的资料,了解鲁迅先生的生平、作品、故事,阅读鲁迅先生的其他作品和写鲁迅先生故事的作品。	

总之,"畅享语文"课程目标关注学生语文学科思维素养的养成和语文学习方法的获得,通过识字与写字、阅读与鉴赏、表达与交流、梳理与探究,引领学生品味语言之美,享受学习的快乐,感受语文的美好。

第三节　构能动的学习盛景

一、学科课程结构

根据《义务教育语文课程标准(2022年版)》学段目标与内容,关注小学语文学科核心素养,结合学生的发展特点,从"识字与写字、阅读与鉴赏、表达与交流、梳理与探究"四个方面出发,我校的"畅享语文"包含"畅享汉字、畅享阅读、畅享语言、畅享实践"等板块(图6-1)。

图6-1 "畅享语文"课程结构图

上图中,各板块课程具体表述如下:
"畅享汉字"以落实小学各年级识字写字为目的,帮助学生养成主动识字的习惯,提高学生识字量,引导学生规范、端正、整洁地书写汉字,感受汉字的文化内涵。开设课程有"书法艺术""说文解字""踩石过河"等。

"畅享阅读"通过指导学生运用多种阅读方法,广泛阅读,从而能初步理解文章的主要内容,并主动和同学分享自己的阅读感受,体会作品的情感。学生受到优秀作品的感染和激励,向往和追求美好的理想;丰富自身积累,让阅读成为一种习惯。开设课程有"书海之旅""好书推荐""我的一本课外书"等活动。

"畅享语言"以教材中的口语交际和习作为基础,选择贴近学生生活的话题,创设情境,通过师生、生生互动交流,培养学生的口语交际和书面表达能力,鼓励学生有创意地表达真情实感,能不拘形式地写下自己的见闻、感受和想象。开设课程有"津津乐道""妙语连珠""能言善辩""跃然纸上""妙笔生花"等。

"畅享实践"即校内外的各种语文综合实践活动。通过活动培养学生收集信息和处理信息的能力,以及发现问题和解决问题的能力,"联系生活,畅享语文,让语文的教学生活化",[①]促进学生养成合作、分享、积极进取等良好的个性品质和交往能力。开设课程有"炎黄赋""九曲黄河""种子的生命之旅""果树所探秘"等。

二、学科课程设置

学校遵循语文课程的教育规律和学生身心发展的特点,积极开展"畅享语文"课程群建设,使学生逐步形成良好的个性和健全的人格,并注重培养学生学习语文的兴趣,将语文教育融于生活,促进学生全面发展。"畅享语文"课程设置如下(表6-2)。

表6-2 "畅享语文"课程设置表

年级	学期	畅享汉字	畅享语言	畅享阅读	畅享实践
一年级	上学期	玩转拼音王国	有声有色	走进童谣	故事棒棒"堂"
	下学期	生活识字	看图写话	走进儿歌	儿歌大比拼
二年级	上学期	汉字魔法	我喜欢的玩具	诗韵飘香	动物世界
	下学期	神奇汉字	你来我往	儿童故事汇	动画趣配

[①] 张小凤.联系生活畅享语文——试论小学语文教学的生活化[J].中华活页文选(教师版),2012(12):62—63.

(续表)

年级	学期	畅享汉字	畅享语言	畅享阅读	畅享实践
三年级	上学期	汉字魔方	名字里的故事	童话之旅	植物世界
	下学期	字海拾贝	笔下世界	畅享寓言	寓言剧场
四年级	上学期	趣味形声字	天马行空	遨游神话世界	神话剧场
	下学期	字里行间	巧言巧语	科普之旅	科学世界
五年级	上学期	汉字之美	民间故事汇	民间故事之旅	民间故事连环画
	下学期	汉字探源	才思泉涌	品读"古典"	品三国论英雄
六年级	上学期	走进书法	笔尖芳华	成长故事	传统玩具制作
	下学期	汉字之韵	奇思妙想	探险名著之旅	感恩启航

学校通过课程内容的制定，激发了学生学习语文的兴趣，丰富了学生的课程知识，拓宽了学生的视野，同时将语文教育与学生生活经验紧密结合起来，让学生尝试运用语文并结合其他学科知识解决问题，促进了学生学以致用、学用结合。

第四节　悟语文的鲜活之魅

《义务教育语文课程标准(2022年版)》在课程实施建议中明确提出"教师要准确理解义务教育语文课程的基本理念,把握学生核心素养发展的基本规律,根据课程目标、课程内容和学业质量的要求,创造性地开展语文教学,充分发挥语文学科独特的育人功能。"[1]同时强调"语文课程评价包括过程性评价和终结性评价。过程性评价贯串语文学习全过程,终结性评价包括学业水平考试和过程性评价的综合结果。"[2]基于此,我校从"畅享课堂""畅享社团""畅享语文节""畅享研学""畅享阅读"五方面设计学科课程的实施与评价。

一、构建"畅享课堂",提升语文教学质量

"畅享课堂"要求老师积极主动地提高教育教学能力,全面把握语文教学的育人价值,重视文以载道,以文化人。课堂的教学围绕特定学习主题,创设课堂情境,确定具有内在逻辑关联的语文实践活动。教师在教学中通过设置相互关联的语文学习任务群,共同指向学生的核心素养发展。

（一）"畅享课堂"的实施

"畅享课堂"是巧妙高效的课堂。"畅享课堂"课堂教学目标明确,旨在通过多样创新的教学手段,夯实学生语文学习的基础。

"畅享课堂"是美不胜收的课堂。语文之美,美在阅读,美在表达,美在书法,美在情感,美在文化,美在实践。在课堂教学中,老师通过设计不同类型的学习任务,依托学习任务,整合学习情境,让学生接受、体验、感悟语文之美,让课堂教学充满趣味性和吸引力。

---

[1] 中华人民共和国教育部. 义务教育语文课程标准(2022年版)[S]. 北京:北京师范大学出版社, 2022:44.
[2] 中华人民共和国教育部. 义务教育语文课程标准(2022年版)[S]. 北京:北京师范大学出版社, 2022:46.

"畅享课堂"是尊重儿童的课堂。在课堂上，教师除了对文本资料做一定的研究收集外，还要关注小学生各年龄段特有的心理现象，注意培养良好的师生关系，帮助学生树立起自信心。

"畅享课堂"是与时俱进的课堂。"畅享课堂"的主导者——教师要不断学习，更新自己的教育教学理念，掌握先进的教学手段，将自己的所学更好地传递给孩子。

（二）"畅享课堂"的评价

"畅享课堂"从课堂设计、语文之美、展示交流三个方面进行评价，具体细则内容如下（表6-3）。

表6-3 "畅享课堂"评价表

项目	评价指标	分值	得分
课堂设计（20分）	学习目标简明、准确。	10	
	教学手段新颖、合理。	10	
语文之美（30分）	教师教态优雅，教学语言富有文采，有语文味。	10	
	教师板书设计精心，总结性强，书法流畅自然。课件设计精美，没有错误。	10	
	朗读有声有色，给人美的感受。	10	
展示交流（50分）	教学语言亲切，面带微笑。	10	
	纠错手段及时合理，学生乐于接受。	10	
	表扬自然、及时，树立学生自信心。	10	
	学生乐于发表自己的见解，语言表达完整、丰富、灵活。能质疑、挑战，思维活跃。	20	
总分			

二、设立"畅享社团"，提高语文学习兴趣

为了丰富学生的课余生活，提高学生的文学素养，营造健康、多彩的校园文化，我校成立了丰富多彩的"畅享社团"，让学生能够有一个展示自我、互相学习的平台，增强他们对语文学习的热情。

（一）"畅享社团"的实施

我校语文组教师结合学校特色，以专业发展的活动模式为出发点，创设了"趣

味汉字社团""小主持人社团""港湾诗社""阅读'悦''享'社团"等语文社团,包括了语文的识字与写字、阅读与鉴赏、表达与交流、梳理与探究等众多范畴。这些语文社团活动的开展丰富了学生的语文积累,锻炼了学生的语言运用能力,开阔了学生的视野。具体来说:"趣味汉字社团"本着研究汉字,传承文明的宗旨,以《说文解字》为教材,带领学生探寻汉字根源,领略汉字演变过程,引导学生热爱汉字,写好汉字,宣传汉字;通过知识竞赛、猜字谜、思考脑筋急转弯等一系列活动激发他们学习语文的乐趣。"小主持人社团"是以培养学生的口才训练为主导,结合课内口语交际主题,通过台风动作、演讲语言、演讲技巧等方面学习,让学生感受语言的魅力,学校还定期举行演讲比赛、"我是小主持人"比赛等活动展示孩子们的训练效果。"港湾诗社"是使用我校校本教材,统一备课,让学生在"经典诵读"中读诗韵、悟诗情、创诗歌;在此学习中,我校出版了《诗雨飘呀飘》《诗雨飞呀飞》《诗雨洒呀洒》《匆匆那年》等学生诗集。"阅读'悦''享'社团"以提高学生阅读兴趣、丰富学生阅读视野为宗旨,学校通过图书展览、举办朗诵会、组织评书活动等形式来开展活动。

(二)"畅享社团"的评价

"畅享社团"从教师和学生两个层面进行评价。

教师层面从社团管理、活动管理、特色成效三个方面进行评价(表6-4)。

表6-4 "畅享社团"教师评价表

社团名称:_____   负责人:_____

评价内容	评价标准	优	良	合格
社团管理	1. 社团活动指导及时到位。 2. 社团活动安全有保障。 3. 能够及时记录反馈学生的出勤情况。			
活动管理	1. 社团活动前有详细的计划、方案。 2. 活动中组织有序,主题、内容、形式有创新。 3. 活动后有总结、反思。			
特色成效	1. 社团活动展示形式新颖丰富。 2. 展示内容符合社团特点。			

"畅享社团"学生层面评价主要从活动表现、活动效果、作品质量等进行(表6-5)。

表6-5 "畅享社团"学生评价表

班级：_____   学生姓名：_____

评价内容	评价标准	优	良	合格
活动表现	1. 成员热情参与。 2. 有较强的学习兴趣。 3. 在社团中彰显个性,做到团结协作,提升自己。			
活动效果	1. 学生在社团的参与活动中形成学习成果。 2. 积极展示分享。			
作品质量	1. 成果作品符合社团的特点。 2. 按时、高质量、有创意地完成社团布置的作业。			

三、开展"畅享语文节",激发语文学习兴趣

(一)"畅享语文节"的实施

"畅享语文节"是为学生建立的语文能力的展示平台,也是提升学生语文学习乐趣的节日。

"畅读——我的一本课外书"在每年11月举行,经过班级、年级的逐层评比,各年级选出数名学生代表以演讲的形式向全校师生进行好书推荐。在活动中学生锻炼语言表达能力,了解更多的优秀书籍,从而激发阅读书本的兴趣。

"品字——汉字魅力展",在每年5月和12月进行,届时将充分利用校园橱窗、长廊、走廊环境、班级文化墙等展示汉字演变历程的相关图片,在校园内开展汉字书写比赛、识字比赛等活动,营造汉字探究氛围,以写好汉字为目标,激发学生的民族文化自豪感。

"享诗——诗歌畅诵",每年4月,以班为单位,在全校开展优秀儿童诗诵读大赛。与此同时,对学生的创编儿童诗进行征集,并集结成册。在此过程中,写童诗、诵童诗逐渐融入生活,学生养成以诗表达的习惯,提高语文素养。

(二)"畅享语文节"的评价

"畅享语文节"从内容、形式、过程、效果等方面进行评价(表6-6)。

表 6-6 "畅享语文节"评价表

评价项目	评 价 标 准	优	良	合格
活动内容	活动内容新颖,符合学生的年龄特征。			
	活动环节典型,有说服力和感染力。			
	贴合实际,贴近学生生活和社会现实。			
活动形式	形式丰富多样。			
	层次分明,结构完整。			
活动过程	热情参与,主体作用发挥得好。			
	教师管理有方,指导有度。			
活动效果	积极体验,个性特长得到发展。			
	培养创新意识,思想境界得到提升。			
改进之处				

四、开展"畅享研学",丰富孩子生活

"畅享研学"通过黄河博物馆、郑州果树研究所研学,让儿童通过查找资料、实地参观访问学习、动手体验劳动、互动交流研讨、成果展示评比等学习方式,了解炎帝、黄帝的由来和历史事迹,了解黄河的主要贡献和存在忧患,探秘植物种子的生命历程,了解葡萄等多种水果采摘的正确方法,熟悉水果文化以及果酒的酿造过程等;激发儿童治理黄河、保护黄河的责任感,对植物世界的兴趣和学习语文的兴趣,培养他们收集信息、整理资料的能力,以及合作探究的能力,体会自豪感、成就感。

(一)"畅享研学"的实施

"畅享研学"是对学校教育内容的补充和延伸,学校借助黄河博物馆以及郑州果树研究所等资源,带领学生进行研学实践,让儿童走出课堂又回归课堂,开展"炎黄赋""九曲黄河""黄河归故""种子的生命之旅""学写自然笔记""宣传葡萄文化""创意研学手工"等活动课程,让儿童用眼观察植物,用手写作、绘画植物,培养语文核心素养。"畅享研学"课程目标与内容要点如下(表6-7)。

表6-7 "畅享课程"课程设置表

课程名称	课程目标	内容要点
炎黄赋	让学生通过研学活动了解炎帝、黄帝的相关故事。	黄河博物馆观看故事视频。
九曲黄河	1. 让学生通过研学活动熟练诵读《将进酒》等描写黄河的诗词,会唱《黄河大合唱》等歌颂黄河的名曲。 2. 了解黄河、近观黄河,让学生认识黄河,感受黄河母亲的伟大。	1. 欣赏《将进酒》等诗词,学唱《黄河大合唱》等名曲。 2. 参观林公堤、毛主席视察柳园口纪念碑,感受黄河的雄伟,增强对黄河母亲的热爱。
黄河归故	1. 通过讲解员的讲解和引导,让景点与知识联结起来,激发儿童学习的兴趣。 2. 研究并探讨发生在黄河两岸的重大历史事件,做好记录。 3. 了解小浪底与三门峡水库。	1. 听讲解员讲解。 2. 与讲解员座谈,做好记录。 3. 观看小浪底与三门峡水库视频。
种子的生命之旅	1. 激发学生对农业科技的兴趣。 2. 丰富学生对水果知识和植物嫁接知识的学习和了解,激发儿童对植物世界的兴趣。	1. 观看种子成长视频。 2. 通过师生互动,思考交流植物的培植方式。
学写自然笔记	1. 激发想象,拓宽儿童思路,丰富儿童的综合知识。 2. 了解相关植物知识,感受自然的奇妙。 3. 交流探讨,让儿童口语交际能力得以提升。	1. 回忆所学植物的相关知识。 2. 组内交流。 3. 书写、绘制植物。 4. 自评并在班级交流分享所画内容。
宣传葡萄文化	1. 积累相关诗歌。 2. 全面了解葡萄文化。 3. 懂得果酒酿造过程,丰富综合知识。	1. 出示与"葡萄"相关的文章、诗歌,一起诵读。 2. 观看当代画葡萄的大师介绍及其代表作。 3. 参观果品贮藏加工实验室,了解果酒酿造的方法(采摘、除梗、压榨、发酵等酿造过程)和果酒果汁制作过程,并为果酒制作商标。

(续表)

课程名称	课程目标	内容要点
创意研学手工	1. 密切学习与生活的联系,培养儿童的创新意识、观察能力、动手能力。 2. 培养小组合作意识和与同伴沟通交流能力。	1. 小组合作进行手工制作构思研讨。 2. 给学生创作时间。 3. 完成小组任务。 4. 展评作品。

(二)"畅享研学"的评价

"畅享研学"使研学旅行与语文核心素养相融合,在体验式活动中提高学生识字与写字、阅读与鉴赏、表达与交流、梳理与探究的语文能力,让语文学习空间更广阔,拓宽语文学习思维,感受文化之美,真正做到"知行合一",提高学生的综合能力。研学评价能够有效地把握研学旅行过程的课程设计、组织实施和研学成果。因此,准确有效地评价"畅享研学"的效果至关重要(表6-8)。

表6-8 "畅享研学"评价表

评价指标		评价内容	优	良	合格	待改进
一级指标	二级指标					
行前准备	文献检索	利用信息索引法收集目的地关联文献。				
	物资准备	出行物资行李准备。				
	行前预习	组织参与本次活动的部门进行针对性预习。				
行中实施	时间观念	遵守研学纪律,按时集合,准时入睡。				
	环保意识	随手带走自己产生的垃圾,不破坏生态环境。				
	就餐秩序	自助餐时有秩序,排队就餐,桌餐时安静就餐,不打闹,不浪费。				
	研习秩序	认真听取讲解,安静有序随队活动,不擅自活动,不脱离队伍。				
	资料记录	认真观察,收集整理资料,记录有效数据。				
	团队合作	活动中能够关心他人,与同学友好相处,有良好的团队意识。				
行后总结	研学分享	乐于分享,有所收获。				

五、实施"畅享阅读",注重阅读积累

《义务教育语文课程标准(2022年版)》指出:"通过整体感知、联想想象,感受文学语言和形象的独特魅力,获得个性化的审美体验;了解文学作品的基本特点,欣赏和评价语言文字作品,提高审美品位;观察、感受自然与社会,表达自己独特的体验与思考,尝试创作文学作品。"[1]小学阶段,只读语文课本和教材中"快乐读书吧"的指定书目是远远不够的。阅读可以为孩子的一生奠定基础。作为"畅享语文"的重要组成部分,为让学生亲近书本,喜爱读书,学会读书,逐渐养成热爱书籍、博览群书的好习惯,学校全面启动"畅享阅读"活动。

(一)"畅享阅读"的实施

确定年级阅读内容。学校根据《义务教育语文课程标准(2022年版)》要求,以促进学生阅读能力和阅读兴趣的发展、为学生后续发展奠基为目的,确定了一到六年级的阅读内容:一年级阅读内容为绘本故事;二年级阅读内容为儿童诗歌;三年级阅读内容为世界童话;四年级阅读内容为成语故事;五年级阅读内容为中国历史故事;六年级阅读内容为中国四大名著。

进行"好书推荐"活动。由老师以读书分享的方式向学生推荐好书,激发学生阅读兴趣。年级确定阅读内容后,由班级任课老师精心准备,每班每月一节课,向学生推荐好书,进行"好书推荐"活动,使学生对所分享的书籍产生强烈的阅读欲望,促使他们自主阅读。

开展"我的一本课外书"读书分享活动。每年,学校都会针对学生举行"我的一本课外书"读书分享活动,鼓励学生向大家推荐自己喜欢的书籍。活动分为三个阶段:一是班级"我的一本课外书"读书分享选拔;二是年级"我的一本课外书"读书分享选拔;三是学校"我的一本课外书"读书分享展示。

(二)"畅享阅读"的评价

"好书推荐"活动评价。班级举行"好书推荐"活动时,学生对此活动进行评价(表6-9)。

---

[1] 中华人民共和国教育部.义务教育语文课程标准(2022年版)[S].北京:北京师范大学出版社,2022:26.

表 6-9 "好书推荐"活动评价表

时间：_____ 班级：_____ 推荐书目：_____

项目	评价指标	分值	得分
推荐内容 （40分）	推荐书目符合年级主题。	10	
	所选择的书籍内容让人耳目一新。	10	
	所选内容能激发学生的阅读欲望。	20	
活动过 （60分）	教师语言富有文采，有真情实感。	10	
	课件设计精美，没有错误。	10	
	朗读声情并茂，给人美的感受。	20	
	学生乐于分享自己的意见和相关生活经历，并热烈讨论。	20	
总分			

"我的一本课外书"读书分享活动评价。根据课外阅读书目的具体内容和演讲状态进行评价（表 6-10）。

表 6-10 "我的一本课外书"读书分享活动评价表

项目	评价指标	分值	得分
推荐书目 （20分）	所推荐的书籍格调积极向上。	10	
	所选内容新颖，能激发学生的阅读欲望。	10	
现场表现 （80分）	服装整洁得体。	10	
	仪态大方，自信不拘束。	10	
	形式新颖多样。	10	
	声音洪亮，普通话标准。	10	
	语速适当，语言自然流畅。	10	
	上下场致意、答谢环节完整。	10	
	声情并茂，感染力强。	20	
总分			

"畅享阅读"的实施有效地构建了学生课外阅读体系，引导学生博览群书，增长见识，全面提高学生语文综合素养，发挥潜能，为口头表达和写作打下了良好的

基础。

  总之,"畅享语文"是我们共同的教学追求。我们把儿童最宝贵的"畅享"体验融入语文教学中,唤醒童声、童心、童趣,形成了学校生机有趣、高效灵动、自主创新的课程教学特色,提高了学生的语文素养,推动了学校的学科发展。

     (撰稿者:朱永锋　崔亚利　关晓瑞　李阳　张靓　张文露)

第七章
开放性：绘自然合宜的文化乐园

  课程评价是一个价值判断的过程，是学习活动的最终归宿，也是学习活动的开端，走向具身化的语文课程构建了自然合宜的课程评价体系，全面判断学生的学习状态和效果，评价的核心即在自然合宜的文化乐园中，促进学生的综合发展。课程评价犹如一把度量的尺子，需要我们客观、公正，又要坚持"开放性"原则，把儿童的发展作为首要考虑因素。因此，设置自然合宜的评价乐园，让儿童在轻松愉悦中畅享，感受文化的魅力，体悟生命的美好。

郑州市管城回族区东关小学语文组，现有专任教师63人，其中省级骨干教师1人，市级骨干教师5人，郑州市学术技术带头人1人，管城回族区骨干教师8人，管城回族区杰出教师1人，区级名师1人。在学校怡美教育"最童年"课程理念引领下，全体语文教师群策群力，依据教育部《关于深化课程改革落实立德树人根本任务的意见》和《义务教育语文课程标准（2022年版）》，在制定学校"醇美语文"学科课程群建设方案的基础上，不断推进学校语文课程群建设，取得了显著成效。

第一节　让语文学习多元化

学科课程哲学引领学科发展方向。基于《义务教育语文课程标准(2022年版)》，我校语文学科组深入研讨，基于语文学科实际，凝练我校语文学科课程哲学。

一、学科性质观

《义务教育语文课程标准(2022年版)》指出："语文课程是一门学习国家语言文字运用的综合性、实践性课程。工具性与人文性的统一，是语文课程的基本特点。语文课程应引导学生热爱国家通用语言文字，在真实的语言运用情境中，通过积极的语言实践，积累语言经验，体会语言文字的特点和运用规律，培养语言文字运用能力。"[1]

据此，我们认为，语文课程的核心价值是：丰富语言积累，培养语感，发展思维，培养适应实际生活需要的识字与写字、阅读与鉴赏，以及表达和探究能力，正确运用祖国语言文字。除此之外，语文课程还应"发展思维能力，提升思维品质，形成自觉的审美意识，培养高雅的审美情趣，积淀丰厚的文化底蕴，继承和弘扬中华优秀传统文化、革命文化、社会主义先进文化，增强对习近平新时代中国特色社会主义思想的理解和认识，全面提升核心素养。"[2]因此，小学语文课程在注重工具性的同时，应做到工具性与人文性的统一，以丰富的人文内涵对儿童进行审美渗透和熏染，从而提高其语文素养和审美情趣。

二、学科课程理念

依据《义务教育语文课程标准(2022年版)》，结合我校语文学科课程发展历

---

[1] 中华人民共和国教育部. 义务教育语文课程标准(2022年版)[S]. 北京：北京师范大学出版社，2022:1.
[2] 中华人民共和国教育部. 义务教育语文课程标准(2022年版)[S]. 北京：北京师范大学出版社，2022:1.

程、学校文化和语文学科自身独有的人文内涵,我校提出语文学科的核心概念为"醇美语文"。语文学科"工具性与人文性相统一"的特点,决定了教师在语文教育教学中不仅要注重儿童读书、积累和感悟,培养儿童正确运用语言文字的能力,提升语文素养,而且要重视语文课程对儿童思想感情所起到的熏陶感染作用,关注课程内容的价值取向,继承和发扬中华优秀传统文化。

基于此,我们提出了"醇美语文"课程建设原则:让儿童在大量的语言实践中日积月累,体会并把握语言运用的规律;在丰富多彩的语文世界里培养正确的思想观念、科学的思维方式、高尚的道德情操、健康的审美情趣和积极的人生态度。让儿童在"醇美语文"的世界里受到情感熏陶,获得思想启迪,享受审美乐趣,获得审美体验。

所谓"醇美语文",即让儿童在语文的世界里品醇悟美的课程,具体而言:

"醇美语文"课程是清醇馥郁、联系生活的课程。语文是形象化的艺术,与生活密不可分。"醇美语文"注重引导儿童关注现实生活,探索语文与生活的联系,从学习文章之美到发现生活之美,拓宽儿童语文学习和运用的领域,提升儿童的语文素养。

"醇美语文"是淳朴厚重、关注体验的课程。语文是悟美的课程,是感性化的艺术。"醇美语文"课程通过优秀文化的熏陶感染,促进儿童的和谐发展,提高思想道德修养和审美情趣,同时也珍视儿童独特的感受、体验和理解,培养儿童正确的思想观念、科学的思维方式、高尚的道德情操、健康的审美情趣和积极的人生态度。

"醇美语文"是纯真自然、追求诗意的课程。"醇美语文"注重让儿童在语文学习中受到美的熏陶,获得美的感受,追求纯真自然的境界,把儿童带入五彩斑斓的语文世界。正如苏霍姆林斯基所说:"没有一条富有诗意的、感情的和审美的清泉,就不可能有儿童全面的智力发展。"[1]

总之,"醇美语文"课程是让孩子在生活中体验和学习的课程,是发现美、感悟美和追寻美的课程,是重视培养儿童创新精神和实践能力的课程,是开放而有活力的课程。

---

[1] 张正耀.语文,究竟应该怎么教——一位特级教师的69条教学建议[M].上海:华东师范大学出版社,2016:14.

第二节　品悟醇美助力发展

从"醇美语文"的学科课程理念出发,以《义务教育语文课程标准(2022年版)》为依据,我们梳理出我校语文学科课程总体目标和年级目标。

一、学科课程总体目标

《义务教育语文课程标准(2022年版)》指出:"语文课程围绕核心素养,体现课程性质,反映课程理念,确立课程目标。"[①]结合语文学科的课程性质和基本特点,确立了我校语文学科的总体目标。

(一) 识字与写字

共同要求:儿童能正确工整地书写汉字,并有一定的速度;学会汉语拼音,能说普通话;累计认识常用汉字3 000个左右,其中2 500个会写;有较强的独立识字能力,写字姿势正确,有良好的书写习惯。

校本要求:"醇美语文"中的识字与写字教学注重结合儿童特点,将儿童熟识的语言要素作为主要材料,结合儿童的生活经验,引导他们利用各种机会主动识字,力求识用结合;运用多种识字教学方法和形象直观的教学手段,创设丰富多彩的教学情境,提高识字教学效率。按照规范要求认真写好汉字是教学的基本要求,练字的过程也是儿童性情、态度、审美趣味养成的过程。每个学段教师都要指导儿童写好汉字,要求儿童写字姿势正确,让儿童掌握基本的书写技能,养成良好的书写习惯,提高书写质量。同时了解汉字的演变过程,感受传统文化的博大精深。

(二) 阅读与鉴赏

共同要求:儿童能用普通话正确、流利、有感情地朗读课文,默读一般读物每

[①] 中华人民共和国教育部. 义务教育语文课程标准(2022年版)[S]. 北京:北京师范大学出版社,2022:4.

分钟不少于300字,学习浏览,扩大知识面,根据需要搜集信息;能辨别词语的感情色彩,体会其表达效果;在阅读中了解表达的顺序,领悟表达的方法,体会文章的感情;在交流和讨论中,敢于提出看法,作出自己的判断;阅读不同体裁的文章有不同的方法,认识课文中出现的常用标点符号,在理解语句、理解课文的过程中,学习标点符号的用法。诵读优秀诗文,背诵优秀诗文,课外阅读总量不少于145万字。

校本要求:"醇美语文"中的阅读教学是引导儿童运用语言文字获取信息、认识世界、发展思维、获得审美体验的重要途径。通过阅读引导儿童钻研文本,在主动积极的思维和情感活动中,加深理解和体验,有所感悟和思考,受到情感熏陶,获得思想启迪,享受审美乐趣。珍视儿童独特的感受、体验和理解。在理解文章的基础上,提倡多角度、有创意地阅读,利用阅读期待、阅读反思和批判等环节,拓展思维空间,提高阅读质量。

(三)表达与交流

共同要求:儿童与人交流时能尊重和理解对方;乐于参与讨论,敢于发表自己的意见;听人说话认真耐心,能抓住要点,并能简要转述;表达有条理,语气语调适当;能根据对象和场合,稍作准备,作简单发言;注意语言美,抵制不文明语言。儿童对写话有兴趣,能写简单的记实作文和想象作文,学写读书笔记,学写常见的应用文,根据表达的需要,正确使用常用的标点符号,习作有一定的速度;养成留心观察周围事物的习惯,有意识地丰富自己的见闻,珍视个人的独特感受,积累习作素材,懂得写作是为了自我表达和与人交流。写作能力是语文素养的综合体现,写作教学应贴近儿童实际,让儿童易于动笔,乐于表达,引导儿童关注现实,热爱生活,积极向上,表达真情实感。

校本要求:"醇美语文"中的口语表达教学注重培养儿童倾听、表达和应对的能力,使儿童具有良好的人际沟通能力,并且乐于与人沟通。教师在教学过程中努力选择贴近生活的话题,采用灵活的形式组织教学,重视在语文课堂教学中培养儿童习作表达的能力,鼓励儿童在各科教学活动以及日常生活中锻炼表达和写作能力。

(四)梳理与探究

共同要求:儿童初步了解查找资料、运用资料的基本方法;利用图书馆、网络等信息渠道获取资料,尝试写简单的研究报告;能策划简单的校园活动和社会活动,对所策划的主题进行讨论和分析,学写活动计划和总结;对自己身边的、大家共同关注的问题,或电视、电影中的故事和形象,组织讨论、专题演讲,学习辨别是非、善恶、美丑。

校本要求:"醇美语文"中的综合性学习立足于语文学习的大视野,从儿童的现实生活出发,将书本学习与生活实践紧密结合,设计丰富的、开放的、富有实践的综合性学习活动,开展跨学科、跨领域的学习,引领儿童观察自然、了解社会、认识世界,培养儿童自主探究、合作参与、综合运用的能力。在实现语文学习目标的同时,提高儿童对自然、社会现象与问题的认识,追求积极、健康、和谐的生活方式,提高儿童的语文素养。

二、学科课程学段目标

在《义务教育语文课程标准(2022年版)》的指导下,依据"醇美语文"课程的总体目标,细化到每个年级,我们采取共同要求和校本要求相结合的方式,制定了年级课程目标,此处以一年级为例(表7-1)。

表7-1 "醇美语文"一年级目标

学期 年级	上 学 期	下 学 期
一年级	第一单元: 共同目标: 1. 借用象形字识字、看图识字、对对子识字等多种方式认识本单元的生字。 2. 养成良好的写字和朗读习惯。 3. 乐于和大家分享阅读中的收获。 4. 敢于跟他人进行交流,感受交流的乐趣。 校本目标: 1. 初识汉字之美,培养识字的兴趣。	第一单元: 共同目标: 1. 了解形声字的构字规律,感受形声字音形义之间的联系。 2. 利用已有的生活经验及插图、字谜和形声字规律等方法识字。 3. 感受大自然四季的美好,培养儿童保护环境的意识,了解传统姓氏文化,激发儿童对中华传统文化的喜爱之情。积累描写春天的词语。 4. 了解形声字的构字规律,感受形声字音形义之间的联系。了解全包围结构的字"先外后内再封口"的笔顺书写规则,

(续表)

学期＼年级	上学期	下学期
	2. 培养阅读绘本的兴趣和爱好，乐意与人分享自己的绘本阅读成果。	在田字格中正确书写。 5. 利用已有的生活经验及插图、字谜和形声字规律等识字。在识字的基础上，更加充分地阅读，培养儿童对阅读的兴趣。 6. 学习字母表，为学习音序查字法打好基础。通过归类练习，复习前后鼻音的读音。 校本目标： 1. 进一步认识汉字，了解汉字起源、演变。 2. 通过锻炼儿童采用多种形式识字，进一步巩固各种识字方法。
	第二单元： 共同目标： 1. 正确认读单韵母、声母和整体认读音节。 2. 在四线格里正确书写拼音字母。 3. 借助拼音正确认读生字和音节。 4. 借助拼音尝试多种形式朗读儿歌。 校本目标： 1. 养成喜欢阅读的好习惯。 2. 能口头表达自己的见闻和想法。	第二单元： 共同目标： 1. 正确朗读课文，读准字音，能读好带有感叹号的句子。 2. 积累词语，鼓励儿童将学到的词语运用到表达中去。 3. 读懂课文，能提取明显信息，乐于和小伙伴交流阅读感受。 4. 感受儿童的美好愿望，引导儿童了解革命传统故事，激发儿童对革命领袖的敬爱之情。 5. 学习一组数量词短语，认识七个生字。 6. 复习巩固《字母表》，能将大小写字母一一对应。 7. 通过独体字"日、寸"加上部件成为新字的练习，巩固已学过的字，并认识新字。 8. 展示从其他学科中学到的汉字，激发儿童自主识字的积极性。 校本目标： 1. 帮助儿童进一步理解经典绘本内容，增加对绘本的浓厚兴趣。

(续表)

学期 年级	上 学 期	下 学 期
		2. 通过对经典绘本的演绎,让儿童对绘本理解更深,提高他们阅读绘本的积极性。
	第三单元: 共同目标: 1. 正确认读复韵母、特殊韵母以及前鼻韵母、后鼻韵母。 2. 能区分形近的复韵母。 3. 正确拼读声母和复韵母组成的音节。 4. 借助拼读认读生字。 5. 借助拼音正确地朗读儿歌。 校本目标: 1. 在留心观察的基础上,继续去细心观察这个美好的世界,发现生活中处处都有汉字。 2. 发挥汉字的作用,多鼓励、表扬识字多的孩子,树立识字的榜样,让汉字帮助孩子培养学习语文的兴趣,增强孩子学习语文的自信心。	第三单元: 共同目标: 1. 正确、流利地朗读课文,读好变调。 2. 学习联系上下文了解词语意思的方法。 3. 初步体会"偷偷地、飞快地"等词语的用法。 4. 积累意思相对的词语和表示游戏活动的词语。 5. 读好对话,读出不同角色说话的语气;朗读儿童诗,初步体会诗歌的情趣,读出自己的感受。 6. 懂得自己遇到困难可以寻求别人帮助。 7. 在不同情境下会使用合适的礼貌用语。 8. 能大致讲清楚自己的要求。 9. 学习正确使用字典的方法,学会用音序查字法查字典。 10. 学习独立识字,养成在学习中勤查字典的习惯。 11. 借助拼音正确朗读古诗,并背诵古诗。 校本目标: 1. 让儿童学会表达,愿意交更多的朋友。 2. 能够说出自己和好朋友之间发生的有趣、难忘的事情。
	第四单元: 共同目标: 1. 认识生字、偏旁和多音字;会写生字。 2. 正确朗读课文,读准字音。 3. 儿童能仿照例子,积累和拓展带叠词的"的"字短语,拓展积累词语。	第四单元: 共同目标: 1. 正确、流利地朗读课文,读好长句子及问句,注意停顿,读懂句子所表达的意思。 2. 用扩词的方法积累一些常用词语,归类积累"X来X去"这样的词语,并尝试自己说几个。 3. 初步感受端午节的传统文化,体会浓浓的亲情。

(续表)

学期\年级	上 学 期	下 学 期
	4. 能向他人做自我介绍，并能引起话题。 5. 积累有关惜时的名言，懂得要珍惜时间。 校本目标： 1. 让孩子们学着和同龄人交流。 2. 初步了解和人交流的方法。	4. 积累与身体部位有关的词，归类识记带有月字旁的字。 5. 读好带有轻声的词语并积累这些词语。 6. 了解"点的位置不同，书写先后也不同"的笔顺特点。 7. 借助拼音，正确朗读古诗并背诵积累。 校本目标： 1. 通过参观、游园活动，让儿童看到身边的汉字，感受汉字的魅力。 2. 通过"寻找身边的汉字"活动，让儿童持续对汉字产生兴趣，争做识字小达人。
	第五单元： 共同目标： 1. 认识生字、偏旁和多音字；会写生字。 2. 正确朗读课文，读准字音。 3. 能利用已有的生活经验，借助会意字识字、归类识字、反义词识字等多种方法识字。进一步了解汉字的文化内涵，喜欢学习汉字。 4. 感受古诗描绘的景色；培养爱惜文具的好习惯；懂得团结协作力量大的道理；受到初步的爱国主义教育。 5. 发现草字头和木字旁所代表的意思，了解汉字偏旁表义的构字规律。 6. 辨析易混淆的音节、读准平舌音、翘舌音、鼻音和舌尖音。 7. 了解汉字"从左到右""先撇后捺"的笔顺规则。 校本目标： 1. 阅读喜欢的绘本。 2. 积累背诵喜欢的诗歌。	第五单元： 共同目标： 1. 正确、流利地朗读课文，学习用不同的节奏诵读儿歌、对子等。 2. 继续了解形声字的构字规律，感受形声字音、形、义之间的关系，并学习运用这一规律，自主识字。 3. 了解身边小动物的习性和四季气候、景物的变化，保持探索自然的好奇心。 4. 知道打电话的一般步骤，初步学会独立打电话和接电话。 5. 打电话时，能用上礼貌用语，把话说清楚；听电话时，能听清楚主要内容。 6. 能在语境中辨析形近字和同音字。 7. 运用音序查字法查字典，查字典有一定速度。 8. 积累歇后语，了解歇后语的特点，初步感受歇后语短小、通俗、形象的特点。 校本目标： 1. 借助拼音阅读自己喜欢的书籍。 2. 积累背诵喜欢的诗歌。

(续表)

学期\年级	上 学 期	下 学 期
	第六单元： 共同目标： 1. 认识生字、偏旁和多音字；会写生字。 2. 学习分角色朗读课文，读好人物说话的语气。认识逗号和句号，根据标点读好停顿，初步建立句子的概念。 3. 学会用"前、后、左、右"4个方位词说话；锻炼一问一答的语言表达能力，积累由生字拓展的新词。 4. 根据场合，用合适的音量与他人交流。 5. 知道汉字有"上下结构"和"左右结构"，学习把字按结构进行归类。 6. 交流在生活中自主识字的成果，培养自主识字的习惯。 校本目标： 1. 以儿童熟悉的象形字为切入点，激发儿童对汉字的兴趣。 2. 能够在超市、商场、街头、公园等公共场所识字。	第六单元： 共同目标： 1. 能正确朗读课文，读准字音，读好带有"呢、呀、吧"的问句和感叹句。 2. 能运用联系生活、结合图片等方式理解词语的意思。 3. 积累文中的比喻句。 4. 能读出古诗的节奏和儿童诗的韵味。能分角色读好文中的对话。尝试依据课文句式相近、段落反复的结构特点背诵课文。 5. 联系生活学习与夏天相关的词串。 6. 通过扩写句子，学习把一个简单的句子写具体。 7. 能正确使用逗号、句号、问号、感叹号，能正确抄写句子。 8. 能够借助食品包装识字，并乐于与同学分享。 9. 朗读积累气象谚语。 校本目标： 1. 能够运用形声字的构字规律识字。 2. 运用偏旁归类的方法识字。
	第七单元： 共同目标： 1. 正确、流利地朗读课文；初步尝试找出课文中的一些明显信息。 2. 联系生活实际，理解课文内容，感受儿童丰富多彩的内心世界。 3. 学习"的"字词语的合理搭配。 4. 学习表示亲属称谓的词语。	第七单元： 共同目标： 1. 掌握半包围结构字的书写笔顺规则。 2. 正确、流利地朗读课文，分角色朗读课文，读好对话。 3. 联系上下文和生活经验理解词语的意思，运用组词的方式继续积累词语。 4. 借助插图、故事情节反复的特点读懂长课文。能根据课文信息做简单推断。 5. 借助文本情节，了解告知一件事情时，

第七章 开放性：绘自然合宜的文化乐园 165

(续表)

学期＼年级	上 学 期	下 学 期
	5. 发现日字旁和女字旁所代表的意思。了解汉字偏旁表义的构字规律。 6. 能区分形状相近的笔画，并正确书写。 7. 看图写词语，能根据图意说一两句话。 8. 朗读、背诵成语，了解成语蕴含的道理。 校本目标： 1. 能够运用多种方法识字。 2. 积累背诵喜欢的诗歌。	需要说清楚时间、地点等要素。 6. 能根据课文提取、整合信息，推断事情的原因、结果。 7. 在活动情境中明白游戏规则。 8. 在交际互动中初步学习有条理地表达。 9. 初步养成乐于交往、友善待人的交往意识和行为习惯。 10. 学习左上包围和右上包围的字"先外后内"的笔顺书写规则，并能在田字格中正确书写。 11. 朗读积累关于学习的名言。 校本目标： 1. 能够运用字族识字。 2. 积累背诵喜欢的诗歌。
	第八单元： 共同目标： 1. 正确、流利地朗读课文；能找出课文中明显的信息；认识自然段。 2. 借助图画，自主阅读不全注音的课文。 3. 通过学习课文，了解一些自然常识，激发儿童观察自然、观察生活的兴趣。 4. 与人交流，能大胆说出自己的想法。 5. 学习写新年贺卡。 6. 了解汉字"先中间后两边""先外后内"的笔顺规则，在田字格中正确书写。 校本目标： 1. 喜欢汉字，发现汉字的美。 2. 能够写出漂亮的汉字。	第八单元： 共同目标： 1. 能借助图画、形声字特点、生活经验去猜字、识字。 2. 继续巩固掌握半包围结构字的书写笔顺规则。 3. 正确、流利地朗读课文，体验角色，读好对话，读出祈使句的语气。 4. 联系上下文和生活经验理解词语的意思。 5. 能带着问题边读边思考，继续训练根据信息做简单推断的阅读能力。 6. 借助连环画理解课文内容，说说故事的主要情节。 7. 发现反犬旁、鸟字边、虫字旁所代表的含义，复习巩固形声字偏旁表义的规律。 8. 结合生活情境，体会四种不同心情，并进行说话写话的训练。

(续表)

学期 年级	上　学　期	下　学　期
		校本目标： 1. 通过观看文房四宝的制作过程，进一步了解中国字。 2. 通过欣赏书画，感受汉字的美，从而爱上中国汉字，热爱祖国传统文化。

学科课程总体目标是学段目标的基础，学段目标是总体目标的细化。因为有了清晰准确的目标定位，"醇美语文"课程的目标导向更加清晰，从而为学科课程结构的构建、课程内容的具体化提供了依据和保障。"醇美语文"以国家基础课程为原点，创造性地建设具有学科特色的课程群，让学生在缤纷、多彩的语文课程中感受语言的美好、童年的美好。

第三节 组建丰盈学习乐园

在深入分析学科特点、准确把握课程标准、精准定位课程目标的基础上,结合我校语文学科课程发展历程、学校文化和语文学科自身独有的人文内涵,形成我校"醇美语文"学科课程框架。

一、学科课程结构

依据《义务教育语文课程标准(2022年版)》课程设计思路的要求,学段目标从"识字与写字""阅读与鉴赏""表达与交流""梳理与探究"四个方面提出要求。据此,我们从"醇美汉字""醇美阅读""醇美表达""醇美探究"四个方面出发,形成我校"醇美语文"课程框架(图7-1)。

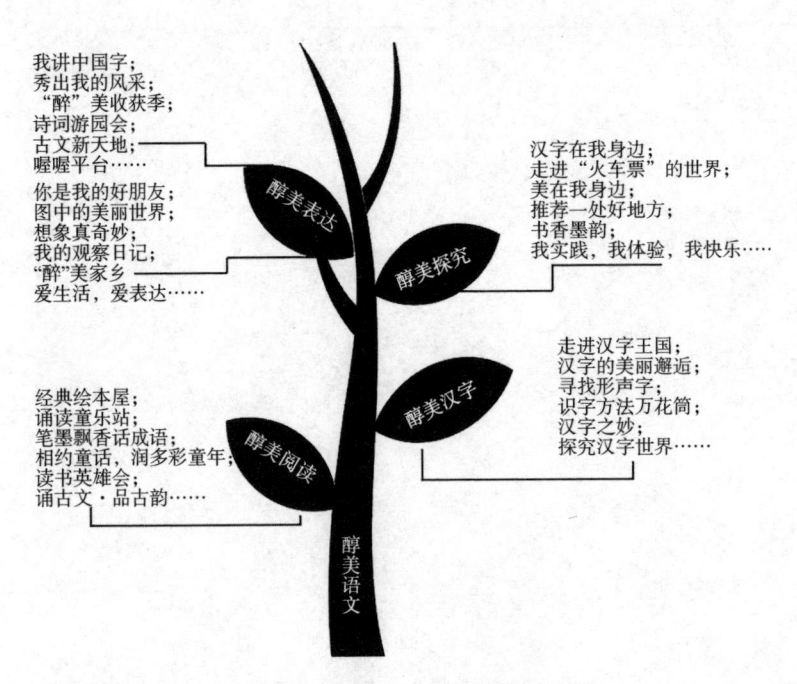

图7-1 "醇美语文"学科课程框架图

具体阐述如下：

"醇美汉字"主要通过"识字万花筒""寻找形近字"等活动,让儿童喜欢学习汉字,对学习汉字有浓厚的兴趣,养成主动识字的习惯,有较强的独立识字能力。

"醇美阅读"主要指向儿童阅读量的积累,随着阅读活动的开展和阅读能力的提升,内容由浅入深,既有不同主题、不同体裁的个性化阅读参与和体验,也有阅读方法的指导和点拨,为儿童的全面发展注入源源不断的动力。

"醇美表达"主要通过"我讲中国字""秀出我的风采""'醉'美收获季"等活动,让孩子谈一谈自己从不同活动中得到的收获,锻炼孩子的语言组织能力与口语表达能力。其次,通过"你是我的好朋友""图中的美丽世界"等活动,训练和提升儿童的表达能力和习作能力,不仅关注每个孩子个体的语言表达能力,更结合生活实际,将倾听、思考、表达联系起来,营造开放、活力的氛围,让孩子通过文字进行形式多样的表达。

"醇美探究"主要通过"汉字在我身边""推荐一处好地方"等活动,培养儿童综合运用语文知识的能力,对儿童的听说读写能力进行整合,使书本知识和生活实践紧密结合起来,切实提升儿童的综合实践能力,拓宽其视野。

二、学科课程设置

"醇美语文"所有课程依据各年级儿童学情,由易到难、由浅入深,由单一到综合、循序渐进,贯穿小学六个年段,根据不同学段的知识储备和儿童需求编制不同的内容(表7-2)。

表7-2 "醇美语文"课程设置表

		"醇美"汉字	"醇美"阅读	"醇美"表达	"醇美"探究
一年级	上学期	走进汉字王国	绘本王国漫游记	我讲中国字 你是我的好朋友	汉字在我身边
	下学期	走进汉字王国	经典绘本屋	我讲中国字 你是我的好朋友	汉字在我身边
二年级	上学期	汉字的美丽邂逅	诵读童乐站	秀出我的风采 讲故事我最棒	初识"火车票"
	下学期	追根溯源话汉字——走进汉字的故事	奇思妙想畅书海	我和诗歌有个约会 我的理想我做主	走进"火车票"的世界

(续表)

		"醇美"汉字	"醇美"阅读	"醇美"表达	"醇美"探究
三年级	上学期	有趣的形声字	笔墨飘香话成语	采撷硕果 续编故事乐趣多	演童话,品童趣
	下学期	寻找形声字	寻根—— 中华传统节日	"醉"美收获季 想象真美妙	美在我身边
四年级	上学期	识字方法万花筒	相约诗词, 润多彩童年	汉字听写大会 我的观察日记	推荐一处好地方
	下学期	识字方法万花筒	相约童话, 童心飞扬	诗词游园会 漫步现代诗	推荐一处好地方
五年级	上学期	汉字之妙	"美读·美讲·美心"读书英雄会	古文新天地 "醉"美家乡	书香墨韵
	下学期	汉字之妙	《西游记》深度游	古文新天地 "醉"美家乡	书香墨韵
六年级	上学期	探究汉字世界	诵古文·品古韵	喔喔平台 爱生活,爱表达	我实践,我体验,我快乐
	下学期	探究汉字世界	走进小古文	喔喔平台 爱生活,爱表达	我实践,我体验,我快乐

顶层设计决定具体规划。醇美语文课程群,恰似一棵茁壮成长的小树。醇美汉字、醇美阅读、醇美表达、醇美探究,让每一个孩子徜徉其间,拥有破土向上的力量。今日播撒一粒"希望",明天看它枝叶繁茂、绿色满园。让我们共同见证孩子个性生长,感悟少年灵性神韵,捕捉童年缤纷色彩。让每个孩子"在这里,遇见最童年的自己"。

第四节　多元平台乐享致趣

丰富的课程设置为儿童学习和能力的提升提供多样化的选择和路径。为了保证课程有效实施,我校语文学科通过建构"醇美课堂",推进"醇美阅读",研究"醇美汉字",倡导"醇美表达",拓展"醇美探究",搭建"醇美平台"这六个途径推进课程,并依据学情,由浅入深,分年级、分学期实施"醇美语文"课程。

一、建构"醇美课堂",彰显课堂魅力

课堂是课程实施的主载体。为提升语文课程的实施品质,语文学科组致力于打造"醇美课堂"。

(一)"醇美课堂"的设立与实施

"醇美课堂"具有清晰明确的课堂目标。在"醇美课堂"中,教师根据课程目标和具体的教学内容来确定详细的教学目标,以便达到既定教学效果,既有短期目标,又有长期目标,两者互相结合,互为补充,相得益彰。

"醇美课堂"体现润物无声的育人特点。教育是培养人的活动,"醇美课堂"在传授知识的同时,把育人放在了首位,恰当地融美于教育之中,如绵绵春雨,于无声处显教育的精妙。

"醇美课堂"具有灵动的教与学的方法。教学是一种创造性的双边活动。"醇美课堂"不再局限于教知识,更多的是在知识的传输过程中蕴含美的发现与鉴别,培养审美情趣,提高审美能力,从而发现美、鉴赏美、创造美。"醇美课堂"努力实现将教师灵动的教学和儿童灵动的学习融为一体。课堂既体现教师的教育智慧,又拓展儿童对美的感知与运用能力。

"醇美课堂"具有严谨扎实的教研阵地。教师真正钻研课程标准,准确把握教材内容,大到本节课的总体目标,小到每一个知识点的梳理,都进行深入细致的教研,不错过每一个细节,不放过每一个环节。重视启发式、讨论交流式教学,启迪儿童智慧,向课堂要质量,使儿童在学习、体验的过程中丰富情感体验,提高审美

能力。

（二）"醇美课堂"的评价标准

根据我校"醇美课堂"的内涵，我们设计了符合"醇美课堂"内涵的评价量表，分别从教学目标、教学内容、教学实施三个方面对"醇美课堂"进行评价（表7-3）。

表7-3 "醇美课堂"评价量表

评价要素	评价标准	分值	得分
教学目标	1. 目标明确，联系儿童实际，指向性清晰准确，知识、技能、情感三维目标有机融合，和谐统一，依"标"扣"本"。	20	
	2. 目标符合儿童年龄特点，科学合理，层次分明。	10	
教学内容	1. 课程内容丰富，准确把握学科内容的重难点，体现核心素养的要求，有阶梯性。	20	
	2. 课堂结构安排合理。	10	
	3. 从教学实际出发，转变教材观念，对教材进行有效整合，能够创造性地使用教材。	10	
教学实施	1. 课堂教学注重调动儿童的学习积极性，引导儿童主动提出问题。	10	
	2. 课堂注重引导儿童直接参与教学活动，能启发儿童思考，促进儿童知识的建构。	10	
	3. 课堂注重采用灵活多样的教学方式，教学艺术灵动，体现传道有术、授业有方、解惑有法。	10	

二、推进"醇美阅读"，丰盈儿童心灵

语文课程是实践性课程，注重培养儿童的语文实践能力。"醇美语文"通过推进"醇美阅读"，突出语文的实践性，引导儿童在大量的阅读实践中日积月累，体会和把握运用语言的规律，进而实现丰盈儿童心灵的育人目的。基于这种认识，学校语文课程通过"醇美阅读"这一路径，由浅入深、层层推进，让阅读贯穿小学阶段。

（一）"醇美阅读"的设立与实施

基于阅读对于孩子的重要性，我校根据孩子的年龄特征，以及各年级课程设置的特点，开设不同的阅读校本课程。"醇美阅读"课程呈现序列化、主题式的特征。每个年级的"醇美阅读"活动都围绕"推广阅读"这一宗旨展开，但是各个年级侧重点有所不同。一年级到六年级"醇美阅读"的主题分别是：经典绘本屋、诵读童乐站、童话·童心·童趣、诗词特训营、诵古文·品古韵、读书英雄会。"醇美阅读"的内容涉及绘本阅读、经典诵读、诗词积累、童话故事、科普读物、儿童文学、浅显的古文阅读等（表7-4）。

表7-4 "醇美阅读"课程设置表

年级	活动名称	活动内容	组织实施
一年级	经典绘本屋	以"激发儿童阅读兴趣，养成良好的阅读习惯"为主题，开展亲子阅读。	教师推荐经典绘本读物，家长和孩子用自己喜欢的方式进行亲子阅读，根据课程需要，在班级进行亲子阅读活动展示。
二年级	诵读童乐站	以晨诵为主，激励孩子多朗读，多背诵经典篇目，开展诵读比赛。	以《日有所诵》为蓝本，从中选出最有意义的篇章。在班级轮流进行诵读展示，最后选出最优秀的给予奖励。
三年级	童话·童心·童趣	以童话故事为主题，引导儿童阅读《安徒生童话》《格林童话》等，感悟童话故事的魅力。	利用课余时间阅读经典童话，以班级为单位进行海选，选取优秀选手参加年级组织的"童话嘉年华"活动。
四年级	诗词特训营	以"丰富感情，滋养气质"为主题，开展诗词诵读和背诵活动。	每天利用早读指导儿童阅读经典诗词，让儿童利用课余时间观看中国诗词大会，然后组织儿童进行古诗词诵读比赛和诗词游园会。
五年级	诵古文·品古韵	选取内容经典的小古文和古诗文进行朗读与背诵，在初步理解意思的基础上，进行背诵与积累，感受古典文学的韵味。	鼓励儿童自主学习《小古文100篇》，挑选自己喜欢的篇目进行背诵，在班级开展古诗文经典诵读活动，给孩子提供了解中国传统文化、继承民族智慧的平台。

(续表)

年级	活动名称	活动内容	组织实施
六年级	读书英雄会	以经典阅读为抓手,发挥儿童主体作用,品读经典名著,儿童通过展示对作品的理解和感悟,体会中华传统文化的博大精深。	鼓励全体儿童自主挖掘阅读资源,确定经典文本,前期先在班内阅读交流,然后优中选优,再参加校级的阅读平台展示。通过深度阅读分享,推进儿童阅读走向深入。

(二)"醇美阅读"的评价标准

"醇美阅读"的评价方式灵活多样,我们综合利用诊断性评价、形成性评价、终结性评价等评价方式,对各个年级的阅读活动进行合理评价,并且在评价过程中,注重活动内容、临场表现、形象风度、综合印象四个方面(表7-5)。

表7-5 "醇美阅读"评价量表

评价项目	评价内容	得分
活动内容(30分)	所选内容紧扣主题,格调积极向上。	
临场表现(30分)	1. 形式多样,有吸引力。 2. 声音洪亮,口齿清晰,普通话标准,语速适当,语言自然流畅。	
形象风度(20分)	1. 衣着整洁,仪态端庄大方,举止自然、得体,体现朝气蓬勃的精神风貌。 2. 上下场致意,答谢。	
综合印象(20分)	1. 在台上充满自信,流畅地表达自己的想法。 2. 在讲述过程中声情并茂,朝气蓬勃,有感染力。	

三、研究"醇美汉字",夯实语文之基

识字能力是学习能力的基础,它不仅是阅读和写作的基础,也是文化素质养成和提高的第一步。基于此,学校语文课程通过研究"醇美汉字"这一途径,让儿童乐于识字、多识字、巧识字,感受汉字所蕴含的传统文化魅力,为儿童的终身学习打下坚实的基础。

（一）"醇美汉字"的设立与实施

我校以基础教育阶段识字写字总体目标和各学段识字写字方法为依据，综合考虑各学段儿童年龄特点，以趣味性为原则，开展"走进汉字王国""汉字的美丽邂逅""寻找形声字""识字方法万花筒""妙识汉字""探究汉字世界"等活动课程，致力于通过各种识字写字活动激发儿童识字的兴趣，探索识字方法，拓宽识字途径，提高识字效率和运用的准确率，从而引导儿童领略汉字的无穷魅力（表7-6）。

表7-6 "醇美汉字"课程设置表

年级	课程名称	课程内容	组织实施
一年级	走进汉字王国	通过象形文字的教学，提高一年级儿童对汉字的兴趣，鼓励儿童在汉字中发现美、感受美，体会汉字文化的源远流长。	以"汉字的起源与演变"为主题，引导儿童了解汉字从甲骨文到金文到大、小篆到隶书到楷体演变的过程，列举一些具有代表性的汉字，让儿童了解和感受汉字的美。用象形字进行手抄报创作，开展"汉字之美"展评活动。
二年级	汉字的美丽邂逅	生活是个大课堂，以儿童在生活环境中识字为主要内容，引导儿童用多种方法，从多种途径识字。	引导儿童留心观察周围事物，利用"人名识字""广告识字""食品包装识字""读书读报识字"等，将自己新认识的汉字制作成剪贴报，最后进行展示。
三年级	寻找形声字	引导儿童运用熟字换偏旁的方法识字，加深对形声字声旁表音、形旁表意规律的认识，提高自主识字能力。	出示典型汉字，组织儿童自主查字典辨识形声字；分组开展"你写我猜"和"美丽形声字"等活动，进行形声字辨认、书写自己喜欢的形声字活动，展示优秀作品。
四年级	识字方法万花筒	以多种识字方法为依托，开展识字活动。通过活动，总结各种识字方法，并将其运用于语文学习中。	师生在课堂中以小组汇报的形式共同总结各种识字方法；儿童展示交流运用多种识字方法认识到的汉字。开展"识字游园会""识字方法大PK""识字方法手抄报"等活动进行展示交流，并评选出优胜者和优秀选手。

(续表)

年级	课程名称	课程内容	组织实施
五年级	妙识汉字	从"形之妙""书之妙"两个方面开展活动："形之妙"体会汉字的结构、布局之妙,在生活中学会欣赏优美的书法作品,体会其中的奥妙。"书之妙"了解汉字结构及布局特点,硬笔书写楷书时注意穿插避让,行款整齐,力求美观,在书写中体会汉字的美。	1. "大师面对面":利用假期到博物馆或者书画展欣赏毛笔和硬笔书法作品,在欣赏的同时体会笔画的布局安排及走势、各部分之间的巧妙穿插、整体结构的严谨,并能尝试临摹优秀的书法作品。 2. "小小书法家":组织儿童临摹书法作品,练习钢笔字或毛笔字,组织书法作品展示。
六年级	探究汉字世界	体会汉字一字多义、古今不同义的特点。引导儿童准确运用汉字。	在具体的语境中感受汉字一字多义的特点。在简短的小品剧中体会字义准确运用的意义。举办"字义对对碰"抢答赛;展示"一字开花"手抄报。

(二)"醇美汉字"的评价标准

我们根据《义务教育语文课程标准(2022年版)》对儿童识字写字的总体教学目标,依据所开发的课程特点,将评价量表分为低、中、高三个阶段。低段和中段从课程目标、课程内容、实施过程、实施效果进行评价,高段从识字速度、数量、方法、准确率、作品效果进行评价(表7-7、7-8、7-9)。

表7-7 "醇美汉字"活动评价量表(低段)

评价项目	评价内容	得分
活动开展(20分)	1. 课堂内容丰富有趣,能激发低段儿童识字写字兴趣。 2. 活动形式具有多样性、创新性。 3. 通过活动开展,儿童识字写字能力得到提高。	
内容丰富(20分)	1. 内容符合课程标准要求,形式多样。 2. 内容不仅能提高低段儿童识字量,更能让孩子掌握认字技巧。	

(续表)

评价项目	评价内容	得分
儿童表现(20分)	1. 能在课堂上发挥主观能动性。 2. 儿童能掌握识字技巧和方法,并举一反三。	
人文情怀(20分)	1. 通过活动,感受汉字承载记录和传播中华优秀传统文化的历史使命。 2. 感受中国传统文化的博大精深,塑造儿童高尚的人格,不断提高人文素质。	
综合评价(20分)		

表7-8 "醇美汉字"活动评价量表(中段)

评价项目	评价内容	得分
目标切实(20分)	1. 学习目标基于学科素养和课程标准,适合校情学情。 2. 方法具体明确,操作性强,体现知识技能和思想方法的统一,突出活动性和实践性。	
内容丰富(20分)	1. 学习内容注重情境化、生活化、活动化。 2. 引导儿童自主识字。	
过程灵动(20分)	1. 突出儿童的主体地位,引导儿童大胆实践,积极交流,开展个性化交流。 2. 鼓励不同层次的儿童进行个性展示,引导儿童广泛参与课堂学习。	
方法多样(20分)	1. 根据学习内容,选择灵活性、多样性的学习方式。 2. 从关注"教"走向关注"学",注重学法和策略指导。	
人文情怀(20分)	1. 通过学习感受祖国语言文字的魅力,体会中华文化的博大精深。 2. 热爱中华文化,继承和弘扬优秀传统文化。	
综合评价		

表7-9 "醇美汉字"活动评价量表(高段)

评价维度	评价内容	互评	师评	平均分
课前参与度评定(25分)	1. 能积极搜集不同字音、字形、字义的汉字。 2. 与他人合作编排小品剧。			
课间参与度评价(25分)	1. 能大胆地认读易错汉字的字音字形,发表自己的看法。 2. 能积极展示生活中搜集到的特殊结构和特殊读音的汉字。 3. 能积极参与小品剧表演。			
识字用字准确度评定(25分)	1. 能准确辨识互评卡上的字音字形字义。 2. "字义对对碰"抢答赛答题准确率高。 3. 精准介绍自己搜集到的易错汉字。			
作品展示评定(25分)	1. 能按要求按时完成手抄报。 2. 画面干净,内容具体丰富。 3. 易错汉字书写正确,读音精准。			

四、倡导"醇美表达",乐享语文之趣

"醇美语文"致力于通过倡导"醇美表达"这一途径,让孩子在六年的学习中培养良好的表达习惯,提升习作能力。

(一)"醇美表达"的设立与实施

如何让表达能力的培养扎实有效地进行,让儿童在螺旋上升的学段习作历练中提高表达能力,是我们一直关注的问题,通过深度教研,语文组教师设计了"醇美表达"课程。六个年级的主题各不相同,分别是"你是我的朋友""图中的美丽世界""想象真奇妙""我的观察日记""醉'美家乡""爱生活爱表达"(表7-10)。

表7-10 "醇美表达"设置方案

年级	活动名称	活动内容	组织实施
一年级	你是我的朋友	引导儿童留心观察周围的人物,例如自己的好朋友等,分享并写出自己观察到的人物特点。	一年级的孩子年龄小,课程实施中先以"说"为主,再引导孩子"写话"。每节课,教师给儿童创设具体的情景,例如观察班里自己的好朋友,先让孩子说说自己观察到了什么,再引导孩子写下来。

(续表)

年级	活动名称	活动内容	组织实施
二年级	图中的美丽世界	图画往往色彩鲜艳,生动有趣,非常符合儿童的心理特点,是教学资源中不可或缺的组成部分。利用图片激发儿童的观察能力与学习兴趣,锻炼儿童的理解能力、想象能力、语言表达能力。	充分利用课本插图,引导儿童去观察,去思考,去表达,理解什么是美,美在哪里。然后给儿童一定的时间去搜集自己认为美丽的事物,可以是自己画的画,也可以是美丽的图片,让儿童给图画配上文字,把自己看到的美写下来。鼓励儿童创编图文结合的小故事,家长和老师帮助他们把作品整理成简单的绘本和画册,并在班级内进行展示,让儿童相互学习,从不同的角度去感受美,表达美,体会表达带来的乐趣。
三年级	想象真奇妙	培养儿童的想象力,让儿童爱想、敢想、会想,感受想象的美好,体验丰富的想象给生活带来的快乐和绚丽多彩。	利用习作单元的习作例文,让儿童掌握想象的基本方法,可以根据事物的特点去想象,也可以从反方向去想象。儿童掌握了想象的方法以后,教师出示图片、声音,让儿童展开头脑风暴,打开思路,大胆地去想象,在想象中将周围的事物与老师所出示的图片或声音联系起来,让儿童感受想象的神奇和想象的乐趣。儿童可以以图文结合的方式把自己想象的内容写下来,画下来。鼓励儿童把自己想象的内容以绘本的形式呈现出来,除了在班级展示,学校也会给儿童提供展示的机会,让他们在展示中相互学习,感受想象带来的奇妙和成就感。
四年级	我的观察日记	小学阶段的写作活动,多为从外界捕捉素材后加工成文的形式,将观察所得转化为习作素材就显得尤为重要。观察日记能帮助儿童把观察中得到的信息转化为习作材料。	引导儿童去观察周围一切积极乐观向上的事物,并对所观察的事物进行连续细致的观察,以图文并茂的形式记录它们的变化。教师利用班级版面和书架展示儿童所观察的事物和观察记录,让他们在交流中相互学习彼此的观察方法,养成留心观察生活的好习惯。

第七章　开放性:绘自然合宜的文化乐园　179

(续表)

年级	活动名称	活动内容	组织实施
五年级	"醉"美家乡	了解家乡悠久的历史、厚重的文化和丰富的人文资源,感受家乡的美、家乡的变化,增强对家乡美好未来的憧憬和向往。	通过一系列的实践活动来了解家乡历史,比如参观博物馆、了解家乡企业、搜集家乡特产等。在实践活动的基础上,组织儿童进行演讲比赛或征文活动,鼓励他们通过多种形式表达对家乡的热爱之情。
六年级	爱生活爱表达	引导儿童关注现实、热爱生活,通过观察分析自然、社会,创造性地表达自己对自然、社会、生活和对人生的感受、态度和看法,表达自己的真情实感,让儿童易于动笔,乐于表达。	鼓励儿童在闲暇之余多走走看看,或者可以通过网络浏览,把所关注事情的感悟写成文章交给老师审阅,老师定期向校刊推荐优秀作品。鼓励家长与儿童合作,把儿童的佳作发表在社交平台上或向报社投稿。让儿童在投稿的过程中获得更多的肯定与鼓励,更乐于表达。

(二)"醇美表达"的评价标准

评价手段是一种无声的动力,恰当的评价可以成为引领课程发展的助推器,以及儿童自我发展的催化剂。根据"醇美习作"课程的特点,我校从目标、内容、形式、过程、效果五个方面,制定了"醇美习作"的评价标准,旨在点燃儿童的学习热情,让语文学习绽放光彩(表7-11)。

表7-11 "醇美表达"评价量表

评价项目	评价内容	等级	建议
目标	1. 符合《义务教育语文课程标准(2022年版)》和统编教材的教学目标与要求。 2. 有利于儿童大脑功能的开发,能提高儿童的语言表达能力。		
内容	1. 结合儿童实际,创设有利于儿童表达的语言情境。 2. 注重激发儿童的好奇心、求知欲,发展儿童的思维,培养想象力,开发创造潜能,提高语文综合应用能力。		

(续表)

评价项目	评价内容	等级	建议
形式	1. 注重表达方法的指导,让儿童有话可说,有章可循。 2. 恰当运用多种教学方式方法、教学手段和教具等。		
过程	1. 儿童语文实践活动时间充足,能开展有效的合作学习。 2. 尊重儿童学习的主体地位,调动儿童学习的积极性。		
效果	1. 儿童主体地位确立,学习兴趣浓厚。 2. 儿童在表达中提高人文素养和人际交往能力。		

五、拓展"醇美探究",提升综合能力

"醇美探究"是一门实践性很强的课程,基于"醇美语文"的课程目标,以儿童的经验和生活为核心,语文组设计"醇美探究"综合性活动课程,让儿童走出课堂,走进社会,感受生活中处处存在的"大语文",体验丰富多彩的语文活动,培养语文能力,提升语文素养,为今后的终身学习打下基础。

(一)"醇美探究"的设立与实施

如何让儿童把语文学习与日常生活联系起来,让儿童在实践中发现美和感受美,进而提升语文素养,一直是我校探索的方向。基于此,各年级组开展了"汉字在身边""走进'火车票'的世界""美在我身边""推荐一处好地方""书香墨韵""我阅读、我实践、我快乐"等丰富多彩的活动课程(表7-12)。

表7-12 "醇美探究"课程设置表

年级	课程名称	课程内容	组织实施
一年级	汉字在身边	识字和写字是孩子们进行阅读和写作的基础,同时也是一年级孩子的学习重点,通过让孩子们利用多种方式寻找身边的汉字并进行分享,帮助孩子们提高识字量。	以年级为单位,组织孩子利用课余时间搜集生活中存在的汉字,可以拍照,可以把包装袋上的汉字剪裁下来,等等。利用上课时间,儿童进行展示并介绍该汉字的意思,分享识字方法,最后评选出"识字大王"。

(续表)

年级	课程名称	课程内容	组织实施
二年级	走进"火车票"的世界	儿童利用课余时间收集各种火车票并完成以下任务：认识火车票上的字；了解火车票上的主要信息；通过各种渠道了解火车票的发展变化，并收集一些不同时期的火车票；设想未来的火车票。	以小组为单位对收集的资料进行整理并在课堂上进行分享，谈谈收获，最后将同学们搜集的资料做成版面展示出来。
三年级	美在我身边	引导儿童立足校园、深入社会去发现生活中美的事物，可以是美丽的风景、美味的食物、美好的事情等，同学们可以采用绘画、拍照、写作等多种形式进行记录。	班级以小组为单位分别呈现搜集到的美的事物，班级内先评选，接着在班级之间进行评选，最后举行"美在我身边"精品展示。
四年级	推荐一处好地方	"推荐一处好地方"是为了帮助儿童了解祖国大好河山，激发儿童对祖国的热爱，同时在活动过程中培养儿童学习语言、运用语言的能力。	儿童以小组为单位利用周末时间、寒暑假时间，通过网络或者实地考察的方式搜集资料，可以通过拍视频、做PPT、做手抄报等形式对资料进行整理。活动中，组织小组进行展示汇报，儿童进行投票，选出最打动自己的一组。
五年级	书香墨韵	学会自主阅读，体验阅读的乐趣。能在老师的带领下共同阅读，学会分享读书的体验与收获，并能准确地表达。	以班级为单位，在班主任和家委会的协助下参观郑州购书中心，了解图书文化，掌握从图书馆找到自己喜欢的图书的方法，并学会适时收集资料。班级定期举行"读书分享会"、推荐"我最喜欢的一本课外书"活动，让书香浸润童心。
六年级	我阅读我实践我快乐	开展多种形式的阅读成果展示活动，帮助孩子通过排练有趣的课本剧等形式深入了解阅读内容。	班级以小组为单位共读一本书，之后写出故事梗概以及感受深刻的部分，儿童选出喜欢的片段，以课本剧等形式展示出来，如选取《草房子》中的一段，孩子通过课本剧的方式体会与他人之间的友谊等。

(二)"醇美探究"的评价标准

"醇美探究"坚持多维的评价方式,采用自评、生评和师评相结合的评价方式。该评价主要从活动参与态度、实践能力以及成果分享三个维度展开(表7-13)。

表7-13 "醇美探究"综合性评价量表

评价维度	评价标等级			自评	生评	师评
	优秀	良好	合格			
参与态度	积极主动参与	积极参与,欠主动	能够参与			
实践能力	很强	较强	一般			
成果分享	成果丰富,过程详细	有一定成果,内容有待完善	成果较少,准备不足			
我的收获:						
教师建议:						

六、搭建"醇美平台",展现个性风采

孩子的语文学习要在大量的语言实践中不断丰富与积累。鉴于此,我们开展多种多样的语文活动,让儿童参与进来,在活动中学习,在活动中成长,在活动中收获。这样一来,儿童的学习兴趣和热情就会潜移默化地提高,人文情怀也会不断提升。根据儿童个性特点、年龄段的不同,我们在一到六年级分别策划了不同的活动,借助这些平台,帮助学生展现独特风采。

(一)"醇美平台"的设立与实施

不同的活动有不同的开展方式。儿童把自己的收获以最直观的语言表达方式展示出来,增强了孩子们的自信,提升了孩子们的学习兴趣。各年级组在结合各自年级活动特点的基础上,开展了"发现最美中国字""秀出我的最美""醇美收获季""诗词游园会""古文新天地""喔喔平台"的展示活动(表7-14)。

表 7-14 "醇美平台"课程设置表

年级	课程名称	课程内容	组织实施
一年级	发现最美中国字	"发现最美中国字"语文学习活动贴合一年级儿童特点。儿童通过查阅资料,了解汉字的发展,图文并茂地展现与汉字有关的发现并进行讲解,满足儿童求知欲与表达欲,同时也能让儿童采取多种方法识字,提高识字量。	在班级开展"醇美中国字"讲解活动:介绍这个字的读音、意思、字理、字形演变过程,并进行造句,说说自己的识字方法,班级先进行评比,每班选出五位优秀选手,再以年级为单位,进行综合评比。
二年级	秀出我的最美	儿童背诵积累古诗词,既能感受中国传统文化的精髓,又能潜移默化地提高素养,陶冶情操。基于此,在坚持长期诵读的基础上,语文组设计"秀出我的最美"活动,为孩子搭建展示经典诵读的平台。	选出《亲近母语——日有所诵》和《小儿童必背古诗词70+80首》中的经典篇目,引导孩子采用读或吟唱等多种方式进行朗读分享,班级内部先进行选拔,每个儿童都需要进行展示,每班先选出5名同学,然后进行年级评比,选出二十名左右的优胜者利用早读和午读时间进入本年级各个班级进行展示。
三年级	醇美收获季	"醇美收获季"的活动宗旨是在学年结束之际,让学生以语言表达的形式呈现自己在一年中进行阅读、积累等活动中的收获。	儿童谈一谈自己在这一学年的收获,在班级内进行分享,最终由本班相关社团联合家委会评比打分,最后评出"醇美之星"。
四年级	诗词游园会	"诗词游园会"依托校本课程和教材中所出现的诗词,激发儿童对优秀传统文化的热爱,提高儿童对经典诗词的认知,从而培养儿童人文情怀。	提前给每一个孩子发放100首经典诗词,儿童以班级为单位,课下再组成5人小组,组内合作学习诗词内容,并根据组内儿童的学习水平进行任务分工,然后以小组为单位进行诗词游园会活动,活动共包括三个部分:诗词接龙、诗词对对碰和诗词书写。每通过一关,会有下一关的入场券。五组成员依次进行活动,由相关老师担任评委,由专门同学分别担任监督人员、组织纪律人员和计分人员。

(续表)

年级	课程名称	课程内容	组织实施
五年级	古文新天地	古诗文作为优秀传统文化的一部分,具有很高的学习价值,学习古诗文能陶冶人的情操,丰富人的精神世界。优秀的文化能潜移默化地进入每一个人的心中。基于此,语文组设计"古文新天地"活动课程。	依据所学的古文情况,以年级为单位进行古文仿写大赛。每班分小组,可自由组合,合理分工,选取一篇古文进行改编创作,要求自编自演,内容充实,形式新颖。班级先择优推荐,然后参加年级层面的角逐。
六年级	喔喔平台	"喔喔平台"活动,旨在通过儿童推荐的好书,给广大儿童创设阅读氛围,提高阅读兴趣,引导儿童多读健康向上的好书。	儿童选择自己最喜爱的好书,在认真阅读的基础上,将好书的主要内容、推荐理由、精彩语句以及自己阅读收获讲给大家听。每班先进行初选,再参加年级选拔,评出优胜者。优胜者所推荐的书目可轮流借阅进行阅读。

(二)"醇美平台"的评价标准

由于平台展示活动形式多样,涉及书写、绘画、朗诵、吟唱、表演等多种形式,我校在综合考量的基础上,决定从内容、形式、主题、效果四个方面进行评价(表7-15)。

表7-15 "醇美平台"综合性评价量表

评价项目	评 价 要 点	项目评价等级			
		优	良	及格	待定
内容	内容符合活动要求,丰富有趣。				
形式	形式多样,提倡个性多元发展。				
主题	充满正能量,感染力强。				
效果	焕发儿童积极体验的意愿,激起情感共鸣,儿童的语文素养和思想境界能得到提高。				

一门学科如果想要成为教师专业成长的共同家园和精神寓所，必须确立大家所公认的教学理想和教学追求。"醇美语文"就是我们共同的教学追求。在"醇美语文"的旗帜下，我们漫步语文世界，在语文的世界里品味醇、感悟美，引领儿童感悟中国汉字的形态美、语言文字的凝练美、语文想象的浪漫美、语文思维的哲学美、语文表达的婉约美、语文情感的力量美、语文工具的交流美，体味语文的内蕴之美、外延之美。

（撰稿者：张华　白莹　许蒙蒙　张慧　赵淼　吴娜）

后记

时光荏苒如白驹过隙,回首走过的这段日子,有欣喜,亦有难忘,更多的是那份充实和感动。在大家的共同努力下,《具身课程:语文学科课程新样态》一书终于完成了,此书汇聚了太多人的辛勤和汗水。

在此次研究之前,我们区域的语文课程建设是碎片化、零散化的,虽然每个学校也在踏实地做课程,但没有系统完整的课程体系。在上海市教育科学研究院杨四耕教授的悉心指导下,区域的语文课程群建设也逐渐规范化、系统化,向着更高层次的要求稳步迈进。在书籍内容的编排过程中,感谢所有为此书辛苦付出的教育者们,是各位教师辛苦数月的耕耘成就了这本书的出版,如果没有一次次的深入研究、一次次的倾心交流、一次次的批阅修改,没有大家的汗水和付出,就没有这本书的成熟。

"路漫漫其修远兮,吾将上下而求索",在以后的教育道路上,我们会坚定初心,做行动的研究者、课程的规划者、教育的贡献者,且行且思,砥砺前行,为儿童生命的成长奠定根基!

本书还有很多不足之处,期盼大家能够在阅读后提出宝贵意见,我们将集思广益,不断改进,使本书趋于完善。

"品质课程"阅读书目

学校整体课程规划	978-7-5760-0423-6	48.00	2022年1月
学校整体课程规划的七个关键	978-7-5760-0424-3	62.00	2021年3月
教学诠释学	978-7-5760-0394-9	42.00	2020年9月

📖 特色学校聚焦丛书

让个性自然发荣滋长:"引发教育"的理论寻源与实践探索	978-7-5760-2600-9	38.00	2022年3月
面向每一个生命的教育	978-7-5760-2623-8	44.00	2022年8月
让每一个生命澄澈明亮:"小水滴"课程的旨趣与创意	978-7-5760-2601-6	54.00	2022年8月
新劳动教育:时代意蕴与实践创新	978-7-5760-3702-9	58.00	2023年3月

📖 跨学科课程丛书

| 像博士一样探究:PHD课程的创意与探索 | 978-7-5760-3213-0 | 52.00 | 2023年2月 |

📖 核心素养导向的课堂教学丛书

深度教学的内在维度:数学反思性学习的六个策略	978-7-5760-2590-3	36.00	2022年3月
具身学习的18种实践范式	978-7-5760-2591-0	38.00	2022年6月
课堂是照亮彼此的地方	978-7-5760-2621-4	46.00	2022年7月
以学习为中心的课堂范型	978-7-5760-2622-1	42.00	2022年8月
简练语文:教学主张与实践智慧	978-7-5760-2681-8	56.00	2022年9月
课堂核心素养	978-7-5760-3700-5	48.00	2023年3月

📖 特色课程建设丛书

| 幼儿园特色课程的框架与实施 | 978-7-5760-2598-9 | 48.00 | 2022年3月 |
| 课程是鲜活的:"大视野课程"的旨趣与活性 | 978-7-5760-2599-6 | 42.00 | 2022年7月 |

书名	ISBN	定价	出版时间
指向核心素养培育的学校课程图谱	978-7-5760-2624-5	42.00	2022年7月
让儿童生活在美的世界里：幼儿园全景美育的课程探索	978-7-5760-3552-0	44.00	2023年2月
核心素养与学习需求：学校课程建设导引	978-7-5760-3848-4	52.00	2023年6月

课堂教学新样态丛书

书名	ISBN	定价	出版时间
课堂，与美最近的距离：基于学科核心素养的课堂教学变革	978-7-5675-7486-1	38.00	2022年4月
协同教学：意蕴与智慧	978-7-5675-8163-0	48.00	2022年4月
决胜课堂28招	978-7-5760-2625-2	52.00	2022年4月
一百个孩子，一百个世界：基于差异的教学变革	978-7-5675-6754-2	42.00	2022年11月
课堂如诗："雅美课堂"的姿态	978-7-5675-7219-5	42.00	2022年11月
在教室里眺望世界：基于BYOD的教学方式变革	978-7-5675-8247-7	52.00	2022年11月
课堂教学的资源设计与方式变革	978-7-5760-3620-6	52.00	2023年2月

学校课程变革新取向丛书

书名	ISBN	定价	出版时间
平衡性变革：学校课程建设新取向	978-7-5760-3746-3	52.00	2023年5月
解构性变革：学校课程发展的突破口	978-7-5760-3840-8	46.00	2023年6月
赋权性变革：提升学科领导力	978-7-5760-3841-5	52.00	2023年6月

课程育人新坐标丛书

书名	ISBN	定价	出版时间
学校课程的统整之道	978-7-5760-3845-3	56.00	2023年5月
教室里的课程	978-7-5760-3843-9	38.00	2023年6月
儿童立场的课程探索	978-7-5760-3844-6	52.00	2023年6月
童味园课程：这里有最难忘的童年	978-7-5760-3846-0	56.00	2023年7月
具身课程：语文学科课程新样态	978-7-5760-3842-2	44.00	2023年7月